薪水一份半

◎夏韻芬

目　次
CONTENTS

推薦序｜你也可以是兼差達人｜104人力銀行創辦人　楊基寬／004

作者序｜先做好本業，等待成功的機會｜當代理財王主持人　夏韻芬／006

第1章：什麼都漲，就是薪水不漲／008

外接私活成了職場時尚流行／職場花心蘿蔔大家搶著做／
SARS傳染力強，阿魯病也不惶多讓／「阿魯」形式百態，
計時不再是唯一／阿魯潛力大，兼職薪水未必拚輸正職／
兼差升溫的背後原因

第2章：兼差好處多／026

為了興趣而兼差／荷包嘸可嘸可／累積專業能力與經驗／自我訓
練／預備轉換跑道／不再為裁員提心吊膽／創業準備的前哨站

第3章：兼差管道知多少？／036

透過親朋好友的介紹／透過主要媒體／公司客戶或合作廠
商／口耳相傳／外包案件，阿魯最愛啥？／兼什麼差最
好？／兼差好時機／薪情告白：文字類、翻譯類、設計
類、電腦網路類、勞動類、其他類

第4章：你適合兼差嗎？／060

什麼人適合兼差？／適合找兼差的幾大正職工作

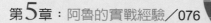

第5章：阿魯的實戰經驗／076

阿魯類型1：上班時間，正副業左右逢源型
　　　　　網路買家精明，需以品質、價格取勝／網路兼職媽媽
阿魯類型2：上班時間插點花型
　　　　　簡訊小說寫手／影子作家／翻譯人員／網頁設計／婚
　　　　　禮企劃／教師
阿魯類型3：下班趕場型
　　　　　擺路邊攤／瑜伽老師／程式設計人員／兼職開店／
　　　　　指甲彩繪／直銷／電訪人員／業餘主持人

第6章：接案新手看過來／136

兼差前置準備
STEP 1：評估體力與時間／STEP 2：做足心理建設／
STEP 3：想想自己的特長或興趣／STEP 4：累積作品與經驗
接案準備與技巧
STEP 1：善用管道找案源／STEP 2：備齊詳細個人資料，主動積
極提案／STEP 3：掌握提案技巧／STEP 4：籌碼怎麼談／STEP
5：遊戲規則說清楚講明白／STEP 6：專案評估／STEP 7：切記
持續追蹤／STEP 8：簽約不能忘／SETP 9：碰到不良廠商，務必
反應給外包公司／STEP 10：準時交件、掌控品質，維持良好合
作關係

第7章：低調保密法則／156

兼差有點燙手，怎麼保障權利？／兼差防身術

第8章：加入阿魯族，擺脫不滿族／170

上對花轎選對郎／避免撿了芝麻丟了西瓜／做好工作管理與時
間規劃／兼差要有度，要錢也要命／做青蛙？還是蜥蜴？／打
理門面，為自己加分／增加學習，為自己加分／準時交件，培
養良好互動關係／增進人脈，拓展接案來源／破除懶惰藉口／
兼差的態度

推薦序 | 你也可以是兼差達人

104人力銀行創辦人 | **楊基寬**

在「薪水漲幅」跟不上「物價漲幅」的時代，上班族該如何自處？根據104專案外包網發布的「上班族兼職接案趨勢調查」發現，有30%的受訪上班族，曾經選擇以接案的方式兼職，76%的受訪接案者表示，「想多賺一點錢」是加入接案行列的主因！顯然，「兼職接案」，成了上班族另添一份收入的新選擇！

進一步分析有接案經驗的受訪者，其中30%的身分為「在職者兼差」，其次才是「專業SOHO」（24%），有趣的是，「專職家庭主婦」也不少，佔了15%，「學生」也有13%。可見，除了專業SOHO族必須接案生活之外，上班族、家庭主婦與學生，也都來為自己的荷包搶食外包市場。

根據我們的觀察，接案者除了「想要多賺一點錢」是最主要的原因外，「可發揮專長」也是主因，並且，上班族透過接案，想要「試試看、做為將來轉業的可能性」，也是上班族找尋職場第二春方法。上班族發揮專長，以兼職接案的方式，主動出擊為自己賺進另一份收入，儼然成為一股職場新風潮。

根據104專案外包網的研究，儘管有58%的接案者平均每月收入為10,000元以下，但是10,000～19,999元也有19%，20,000～29,999元則佔了8%，30,000～49,999元有8%，50,000

元以上也佔了7%，平均每月收入15,651元，對於上班族的荷包不無小補。

　　另外，調查也顯示，43%的受訪上班族表示未來會想接案，其中有接案經驗者，更是高達76%有意願，目前無接案經驗者，也有37%未來會想接案，顯示未來外包人才市場會有更多元選擇的機會，這對於企業而言無非是利多消息，能善用外包策略，將專案交付給專業接案人才，以保持組織的彈性。

　　在不影響公司正職工作的情況下兼差，不僅是增加收入的積極作為，其實也拓展工作體驗，增進職場競爭力。在這本《薪水一份半》中，夏韻芬小姐提出了多采多姿的兼職範例，不但可以啟發想兼差的人多元的作法，也教導兼職者注意應有的權益保障、及提醒該注意的陷阱等等。另外，夏韻芬小姐提到，兼差最忌諱其「業務」與「正職工作」有所衝突，例如兼差公司與正職公司是同行業，或者相關領域的競爭對手，可是兼差的大忌；且更不能利用原企業的資源和便利條件，甚至商業祕密為兼差企業謀利益等概念，是非常實際的觀念！我認為這是一本很實用的書籍，值得有意願兼差的您參考。

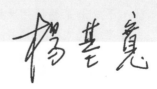

自 序 ｜先做好本業，等待成功的機會
當代理財王主持人｜夏韻芬

長期主持財經節目，也陸續出版投資理財的書，很多人都會問我一些簡單，卻很難回答的問題，例如：如何以最少的錢來致富？最懶惰的攢錢方式？或是最容易幫自己加薪的方式？

儘管我覺得壓力很大，但是終究找到答案了。想要以最少錢來致富，只有買樂透一途，拚著被雷打中的機會，也還是會有人一夕致富；最懶惰的攢錢方式就是儲蓄，現在存錢，也許利息偏低，但是錢存下來也比亂投資賠錢來得實際；至於最穩當的加薪方式，就是兼差！

長期在職場工作，我一直認為我是個認真的員工，我一直期許自己做一個「別人無法取代」的員工，也希望成為老闆身邊的「紅人」，我曾經兩度進出《中時晚報》，當時我都以為，只要我離開之後，報社就要倒了，結果當時報社當然沒倒，今年《中時晚報》雖然在十月三十一日熄燈，也不是我的因素，我才發現，職場上，沒有人是「別人無法取代」，這種神話應該要打破了！

還有一個更殘酷的事實是，雇主和勞工之間，總是有一種平行線的思考，彼此之間的落差很大，例如，我以為在公司奮鬥十四年，勞苦功高，但是雇主的思考是，每個月都有給你薪水，每年也都有獎金和加薪，每一次的獎金發完之後，隔年就重新開始了，誰也不欠誰，但是很多人都跟我一樣，不知道是感情用太深，還是太不了解資方的作法，總覺得資方給我太少、欠我太多，這時候的兼差心情有很多是彌

補性質，包括心靈和實際的層面。

　　事實上，在我不懂投資也沒有一毛錢可以投資的時候，就是憑著自己的兼差本領攢下不少錢，我發現，兼差會讓我的工作能力向上提升，主要價值是增加家庭收入，降低房貸壓力，但是附加價值也不少，其中延伸人脈，後來更是成為寶貴的人生資產。

　　在我的觀察中，台灣經濟進入陣痛期，經濟成長趨緩，失業率升高，大家的痛苦指數都大幅提高之外，企業委外風氣盛，也造就上班族劈腿兼差大流行，許多上班族光是靠兼差接案的收入就比正職還要高，儘管其中的辛酸也不少，包括工時超長、睡眠不足之外，還得小心健康出狀況，書中就會針對許多兼差的劈腿族提供良策來面對。

　　坦白說，年輕人最重要就是找一家好公司，把工作做好，先靠本業存一筆錢，錢不夠就省吃儉用，電影可以少看一場，咖啡也可以少喝一點，本業之外，兼職還可以增加錢的收入，並且作為變成正職的參考，薪水一份半，就是這個道理！

　　西點軍校有一句名言我很喜歡：「沒有永遠的失敗，只有暫時的停止成功！」如果你現在持續抱怨經濟不景氣、投資股票錢難賺，不如耐下心來，一邊兼差，一邊尋找適當機會，之後要創業、投資等都是機會，那麼成功就不會離你太遠了！

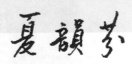

第1章
什麼都漲，
　　　就是薪水不漲

對於一般人而言，多兼幾份工作，要在不景氣下得到好收入，其實一點都不難。根據調查顯示，兼差收入平均是正職薪水的三成五以上，有時候甚至高過正職 .!

近兩年來，大家都發現一個事實：很多東西漲價了，一碗三十元的肉羹，一漲就是十元，十二元的滷肉飯，變二十元，原本一碗有八顆魚丸的魚丸湯，活生生的少了兩粒，連巷口的麵包店菠蘿麵包說不漲價，也硬是縮水一號，很多東西變貴了，但是上班族並沒有多餘的錢來購買，這就是中產階級的悲哀！

在薪水不動，物價節節高升，生活開銷又無法下降的情

小常識 　經常性薪資、非經常性薪資、非薪資報酬，到底是啥？

勞動報酬結構中包括經常性薪資、非經常性薪資與非薪資報酬等三大類目。

經常性薪資是指雇主每月支付給受雇員工的工作報酬，包括本薪、按月支付固定津貼、交通費、膳食費、水電費、按月發放的生產獎金、績效獎金、業績獎金及全勤獎金等。

非經常性薪資是指非按月發放的工作獎金及全勤獎金、年終獎金（紅利）、端午、中秋或其他節日獎金（紅利）、差旅費、誤餐費、補發調薪差額等。

平均薪資就是包括經常性薪資、非經常性薪資，也就是員工直接從雇主手上拿到的金錢。

雇主除了支付員工的平均薪資外，還得負擔勞、健保保險費、退休金、資遣費等法定勞動成本，這些是屬於非薪資報酬。

況之下，每個月扣掉汽油錢、生活費，荷包消瘦了不少。不僅如此，「三低一高」，低利率、低獲利、低成長、高失業率，更令上班族苦不堪言。舉例來說，以前若有五百萬元的積蓄存在銀行，每年定存利率以8％來計算，每個月還能有三萬多元的利息收入，但現在的利率實在低得可以，銀行存款利率才1.7％左右，五百萬元每個月的利息收入驟降為七千多元，獲利實在很低。

根據行政院主計處今年（二〇〇五）十月二十一日公布最新的薪資調查，今年一至八月經常性薪資，也就是俗稱的薪水，增幅不到1％，加上今年又碰到物價大幅上揚，使得實質薪資不增反減，扣除2.13％的通貨膨脹率，一至八月實質薪資負成長1.12％，減幅為歷年最大。

根據歷年的經驗，薪資的增幅與景氣密切相關，台灣在二〇〇一年、二〇〇二年景氣低迷的年代，薪資成長停滯還算正常，不過，近年來景氣回升，薪資卻還是無力回升，薪資與景氣的關聯性已明顯降低，去年的經濟成長率回升至5.71％，但是經常性薪資增幅卻僅1.08％，今年增幅更降至0.99％，這意謂著自二〇〇一年以來，低薪資增幅有可能成為長期趨勢，難怪上班族會憂心忡忡。

尤其勞退新制上路之後，勞工退休雖然多了一層保障，但為降低6%退休金的提繳基礎，不少雇主大幅調整員工薪資結構，採取低底薪、高獎金，經常性薪資未來可能出現名目

負成長。即使未來景氣再好，經常性薪資也未必跟著調漲，因為經常性薪資一旦調高，勞健保等六大項法定人事支出隨之增加，多數雇主望而卻步實在不敢調。所以現在不少公司徵才的時候，只有強調優質的工作環境、優渥的分紅配股，但卻絕口不提加薪這檔事兒。

此外，根據行政院主計處今年公布九月失業率4.14%，雖然失業率較去年同期下降0.36個百分點，但是「隱藏性的失業人口」，也就是想工作而未找工作者，已經大幅提高至二十二萬人，這個數字一直降不下來，這是連續第三個月上升，三個月內驟增二千萬二千人，並創下近十個月以來新高，顯示國內潛在的失業問題嚴重。

日子愈過愈回去，不少上班族愈來愈憂心。雖然「節流」是過生活的一種辦法，但想過得舒適，還得多想辦法「開源」，所以許多有技能、有時間的上班族不得不犧牲假期劈腿當「阿魯族」，以彌補薪資不足。

因此，有些人每天下班時間一到，得到酒吧當服務生，沒辦法，光靠那點微薄的薪水，怎麼買得到像樣的房子，連要給小孩上學、繳學費都不容易。還有些「三明治」族群，上有高堂要奉養，下有子女嗷嗷待哺，家庭負擔很重，正職薪水太少，不拚是不行的，唯有兼差才能多賺點生活費，減輕家庭生活負擔。

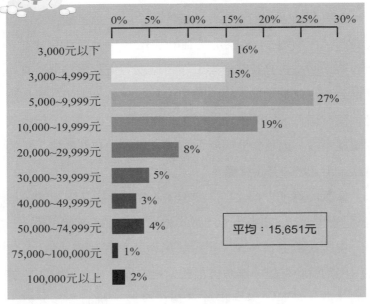

上班族每月兼職接案收入

收入級距	百分比
3,000元以下	16%
3,000~4,999元	15%
5,000~9,999元	27%
10,000~19,999元	19%
20,000~29,999元	8%
30,000~39,999元	5%
40,000~49,999元	3%
50,000~74,999元	4%
75,000~100,000元	1%
100,000元以上	2%

平均：15,651元

資料來源：104專案外包網

　　所以，不管是為了貼補賺生活費或還卡費、還債，還是儲蓄，收入不足顯然是上班族兼差的主因。為了搶救日漸乾癟的荷包，許多朝九晚五的上班族開始利用空閒的時間賺取外快。根據104委外專業網站於二○○五年六月九日至二○○五年六月三十日針對個人端的網路問卷調查顯示，以上班族兼職接案的市場而言，阿魯族平均的兼職接案收入將近一萬六千元，這樣的收入對於生活不無小補。

外接私活成了職場時尚流行

在我們身邊一定不乏有這樣的人：除了上班族身分，還化身為「阿魯族」，也就是所謂的兼差一族。這樣的分身，讓有些人的皮包裡裝著兩套工作日誌或者電話聯絡簿；有些人忙到連吃餅乾、喝水的時間都沒有；有些人則是從早忙到晚，沒有假日，成天就在兩條工作軌跡間交錯運行。但他們卻樂此不疲，因為當他們努力有成，看到白花花的錢入袋的時候，再怎麼辛苦也甘願。

像我的好朋友邱文仁，是104人力銀行的品牌總監，但也是「阿魯族」。很多人不知道，她寫了十幾本愛情小說。

會開始寫愛情小說，乃源於她也是個「愛買一族」，只要一出門就會花錢，無法抗拒櫥窗裡衣服、皮包、鞋子等美麗的誘惑。於是，索性將自己關在家裡，拚命創作愛情小說，一寫就寫了十幾本，為自己的荷包進帳不少。

小常識： 阿魯族

「阿魯」是從日文アルバイド翻譯而來，日語讀法「arubaito」，意指「打工、兼差」，比較專業的說法是「兼差SOHO」。許多公司非常不喜歡員工兼差，所以兼差一族都暱稱自己是「阿魯」，避免老闆或者同事發現，造成不必要的困擾。

後來，她心想，如果再繼續寫愛情小說，可能會跟正職有點衝突，所以她開始改變寫作路線，成為職場相關議題的暢銷書作家，不僅能把自己的職場經驗、心情故事提供讀者一起分享，豐厚的版稅也是讓她變成小富婆的關鍵。由於職場作家的身分，對她的工作有加乘的效果，她在寫作這方面的表現相當受老闆的支持與肯定。

邱文仁在104人力銀行的同事，則是在公餘之暇到「卡內基」上課。上完「卡內基」的課程，他利用週六、日的休假時間，到其他公司擔任講師。這都是利用外界的資源，來輔助自己本業的成功案例。

他們都沒有離開本業。由邱文仁的例子也可以發現到，如果想成為「阿魯族」，由文稿方面開始著手進行是最簡單的方式，所以一定要訓練好文字能力，投稿報章雜誌、寫書都可以讓自己小有進帳。

職場花心蘿蔔大家搶著做

兼差情形最常發生在學生身上，下課後，到速食店刷盤子、加油站打工、當當家教，早已經是司空見慣的事情。但隨著景氣不佳、生活不易，加上慾望使然，兼差賺錢的風氣開始在上班族中盛行起來，而且愈來愈活躍。兼一個差不算什麼，兩個不算多，有本事月入數萬、數十萬元才厲害。有的人甚至可以憑藉著專業能力，一年賺進幾十萬元的外快，

實在令人羨慕。

到底兼差情形在台灣有多流行？

曾經喧騰一時的羅太太委請官邸軍官兼職打掃、台師大專任教授連惠心兼任華陽傳播董事長，或者國中女老師下了課兼差賣淫、幼稚園老師到電玩展場兼差扮兔女郎等等，這些社會現象都意謂著，不管你是達官貴人，還是升斗小民，兼差有誰不愛。尤其近年來在經濟不景氣的催化之下，兼差儼然成為全民運動。

行政院主計處去年曾做過一項調查，近百萬的求職人口中，有高達三十九萬人想找第二份工作；需要以第二份薪水貼補家用的人數近五年來已大幅成長39.11％。勞委會或知名人力銀行也曾指出，近三、四成的勞工或上班族都有兼差，這代表職場劈腿現象相當普遍，而且風氣有愈來愈興盛的趨勢，JCase專案委外銀行就表示，去年一月份時，上班族兼差的個人SOHO約四萬七千人，截至今年二月底，人數增加至十萬三千人左右，成長約2.1倍；而根據今年十月份發表的調查數據顯示，外包的工作數量為去年同期的2.4倍。

下次當你走在街頭時，若看到有人頂著烈日在大馬路上散發傳單，或者在商場看見他們賣力地促銷，或者有人在鬧區舉著牌子，也許他們都是假日「阿魯」。你不妨留意一下周遭的朋友、同事，也許他們亦是阿魯大軍的一員。

SARS傳染力強，阿魯病也不惶多讓

當你發現周遭很多親朋好友都有兼差時，自己很難不受影響。我認識的許多人就是如此，大家「呷好道相報」。像我有兩位朋友，同是大學同學，一位在一家企業負責產品銷售，除了推銷自己公司的商品之外，她也在一家化妝品公司找了份推銷化妝品的兼差；另一位在航空公司上班，由於她的個兒高，於是在一家模特兒公司當起了業餘模特兒。兼差讓兩人的收入平均每個月都可以賺個一、二萬元的外快。

她們都認為，兼差就好像傳染病一樣，朋友之間會互相傳染，像她們周遭的死黨，就是看到她們兼差得有聲有色，漸漸地，也受影響，紛紛下海撈錢去。現在她們的朋友當中，兼職收入高的人不在少數，有的成立樂隊在各種晚會上演出，或是做網頁設計，賺點額外薪水貼補家用。

「阿魯」形式百態，計時不再是唯一

以前阿魯族常做的兼差不外乎翻譯、家教、餐廳侍者、電話員等計時工作，如今兼差型態更擴展到各行各業，早已經跳脫以前的工作模式，形形色色。有些兼差工作甚至非常新奇古怪，極為有趣。

像前一陣子，有人為了參加為期兩個月的弘法活動，太忙沒時間餵狗、幫牠洗澡、帶牠去散步，於是就到外包銀行

外包「帶狗散步、洗澡」專案，委請愛狗人士利用晚上時間兼差，幫忙帶愛犬散步一小時，每雙週洗一次澡，兩個月的酬勞是二萬五千元。

甚至還有手機加值服務公司，為了提供手機用戶更多的加值需求，推出「情色成人說故事」的加值服務，徵求聲音甜美，而且故事又能說得很生動的人來兼差，每錄一集的酬勞二千八百元。

所以，兼差形式越來越百變，而且也沒有限定你一定只能做跟正職有關的副業。像我的一些朋友，有的在汽車公司當中階行銷主管，他跟幾家翻譯社合作，當上了兼職翻譯。有的在企管顧問公司上班的，下班之後直奔健身中心當起兼職韻律老師來了。還有人白天在學校當老師，晚上就到台北東區一家酒吧，拉大提琴賺外快。

趣聞兼差：　　　　印度老師也流行劈腿

印度許多地方公立學校的教師竟然經常曠職，每天全國有平均四分之一的教師曠職，而地方政府卻拿他們一點辦法也沒有。根據媒體調查，這些教師經常曠職的實際原因乃是，許多教師認為工資低，於是在家裡兼營家禽養殖等事業，自然無法「分身」去上課。

這些人，他們就像是新興生活體驗者，只是「阿魯」的一部分縮影，如今各行各業都有「阿魯」的蹤跡。特別是這幾年，隨著人們的消費需求日漸多元化、多樣化，甚至個性化，需要更多量身訂做的服務，提供各種社會需求的職業和服務形式因此應運而生。

阿魯潛力大，兼職薪水未必拼輸正職

根據一項調查顯示，兼差收入平均是正職薪水的三成五以上，有時候兼職的收入甚至高過正職！所謂愛拚才會有錢，所以身兼數職的阿魯族不在少數。

有一位在軟體公司上班的朋友就相當有本領，軟體銷售是他的正業，同時，他還和朋友合夥開了一家廣告公司，由朋友負責打理主要業務，晚上有空他就去看看。

現在，他又是某家服裝品牌的代理，在西門町有自己的攤位。出外洽談業務時，他總是帶著好幾種不同職務的名片，見什麼人就拿什麼名片。每次聚會的時候，常會聽到他哀哀叫，說他如何辛苦，有多忙就有多忙，所以常被笑：「愛錢死好。」不過他承認，身兼數職雖然辛苦，也沒時間談戀愛，但他寧願數錢數到抽筋，沒辦法，為了達到五十歲就退休的願望，再怎麼忙也值得。

他說，很多人都不敢相信他一個人能做這麼多份工作，但他認為人的潛力無窮，只要你覺得自己可以，你就可以，

但前提還是得量力而爲。

兼差升溫的背後原因

現代上班族爲什麼那麼喜歡兼差？有什麼原因促使他們非得去兼差呢？我們可以從以下幾個層面來看：

1. 荷包變扁，生活大不易

薪水只能夠你溫飽，絕對沒有辦法讓人致富，只能靠兼差、投資，才有辦法爲個人累積財富。

以我個人爲例，我在一九九二年二月結婚，婚後不久，十月就買了一戶預售屋，剛好是在屋價的最高峰，等於是住進了「高級套房」。

當時我和先生兩人都在《中國時報》上班，薪水不多，夫妻兩個人的月薪加起來八、九萬元，我們心想，應該足以支付一個月五萬元的貸款。沒想到，我們第一次買房子，沒搞清楚「月」付款或「期」付款的差別，原來我的房屋貸款是以「期」付款，一個月可能就要付上兩次款。

這下子可慘了，我只好開發其他的收入來源。我從那時起開始兼差寫外稿，有長達一年的時間，我幾乎包辦了大半本某知名商業雜誌。除了雜誌，還有各大報紙的副刊，由於合作對象太多，我曾經有多達三十幾個筆名，那時爲了想筆名，簡直想破了頭。

我將白天所做的採訪內容予以衍伸之後，有的便成為雜誌外稿的題材。晚報的新聞稿子只要寫兩、三百字，可是變成雜誌的報導則要長達兩、三千字，那對我來說成為很重要的文字訓練。

　　那時候為了撰寫各式的題材，迫使我要延伸觸角到不同領域的事物，無形中也拓展了我的視野。

　　之後，我到《時報周刊》去上班也能適應，因為我懂得如何去鋪陳一個報導；以及後來我成為各類型談話性節目的來賓，甚至擔任理財節目的主持人，都能侃侃而談，不得不歸功於那時的磨練。

2. 優退潮年輕化，心慌慌、意亂亂

　　以前，剛出社會的年輕人最怕被人說：「小子嘴上無毛，辦事不牢。」那時候社會新鮮人對於公司老成穩重、處世熟練的前輩特別崇拜，甚至還很羨慕長得老成一點的同齡人。在那個年代，年齡越大，長得越「老樣」，往往是技術精湛、資歷豐富、辦事穩當的代名詞。如今世道變了，年齡大的不再吃香，淪為企業急欲拋開的沉重包袱。

　　雖然古有「太公八十遇文王，甘羅十二為丞相」，年齡與評價一個人是否是人才無關，這個道理人盡皆知，但現實就是現實，在現今激烈的就業市場競爭環境中，不少企業將用人的最高年齡限定在三十五歲，很多三十五歲以上的求職

者因而失去了就業機會。

　　有一位非常有能力的朋友最近找工作，不到四十歲的他居然會碰釘子，令人無法置信，也真正感受到企業的無情，正所謂「長江後浪推前浪」。這位朋友前一陣子瀏覽了幾家人力銀行網站，徵才訊息不少，起初心想，這下可好了，這麼多工作隨便挑吧！可仔細一看，許多工作的年齡限定在三十五歲以下。當他硬著頭皮去應徵時，雖然有幾家企業剛開始對於外表看上去好像不到三十歲的他表示感興趣，可是仔細一瞧他的履歷，不少企業還是將他拒之門外。所以他苦笑說：「一晃眼，一年就過去了，我總覺得自己各方面沒有多大變化，可是找工作時，才感覺到自己真的老了一歲……」

　　現在許多企業為了降低勞退成本，除了變相減薪之外，許多企業界還準備大幅精簡人事，「優退優離」浪潮在所難免，優退年齡亦將快速向下修正，從五十歲提前到三十五歲，「高年資、高薪資、高職位」的三高族將是企業瘦身開刀的最大目標。他們將面臨「上有老，下有小，找工作嫌你老，想退休嫌你小」的巨大生活壓力。因而有不少人提高危機意識，積極尋求開源之道。但是銀行利率太低、股市的風險太大、中樂透彩又太難，於是兼差便成為餵滿荷包的最佳管道。

　　最近才加入阿魯族，在電訊業上班的一位朋友就很感嘆地指出：「被公司資遣的例子真的聽得不勝其煩了，像上個

月，我們公司隔壁部門一位快四十歲的同事，已經被人事部門告知要資遣他。還有一位別家公司的朋友也是有同樣的遭遇，五十歲不到，在公司裡幹了二十幾年，前一陣子也被突然找去喝咖啡，說要資遣他。雖然拗到最後，可以用退休金計算資遣費，但是快五十歲的人了，找工作不容易呀！加上還有兩個小孩要養，老婆又沒工作，單靠二百多萬元的優退金過活，想到就頭皮發麻。」所以他也很擔心遇到這種情況，才會在好友的介紹下，開始接一些公關案子賺點外快。

兼差無疑提供了上班族因應職場危機的方法，可以為將來不可預知的職場優退風暴預留儲備金，或者作為事業第二春的試金石，為今後自己做老闆打基礎。

3. 職場兼差熱，網路作嫁衣

若說，兼差熱潮最重要的推手是什麼，莫過於網際網路的興起了。以往上班族想要兼差，不僅兼差的型態易受限制，方便性也不夠。舉例來說，承接設計圖稿的案子時，在設計階段即可透過電子郵件往返，與對方溝通接案進度及規劃，讓對方先看構圖初稿，不需要舟車勞頓約時間碰面，相當方便。

有些人甚至可以在上班時間，偷點時間接接案子，因為現在電腦已成為辦公必備設備，利用電腦做點兼差，例如網路拍賣，不易被察覺。除非相當刻意觀察你在做什麼事情，

否則一般人看到你在打電腦或者上網找資料，都以為是在為「公事」繁忙，殊不知可能在為自己的荷包加薪而打拚。

　　網際網路的盛行亦造就不少新興的兼差機會，如系統設計人員、程式開發人員、系統管理等等，為上班族提供了更多兼差機會。尤其是網站編輯、網頁設計等這些令人耳目一新的兼職，十分受到十五歲至三十五歲的「網路新人類」所青睞。網上兼差不受時空限制，生活在台北的你可以為千里之外的公司工作，免除往返奔波之苦，顯得十分自由，預料這種網上兼職新興職業，將隨著網路的普及而被愈來愈多的人採用。

4.企業外包風盛行，阿魯需求大增

　　阿魯陣容之所以日漸壯大，外包市場蓬勃發展功不可沒。許多企業已經體認到「喝牛奶毋須養乳牛」的道理，為節省成本，紛紛以約聘、派遣、專案外包等三種方式，取代正職員工，抑制因為勞退新制實施後人力成本可能上揚的情況。換言之，傳統雇用型態逐漸瓦解，業務外包、人力派遣、定期契約工作等非典型雇用型態將取而代之，也就是俗稱的專案外包。

　　專案外包是指企業將設計網站、市調、廣告文案或翻譯等業務委外給第三人負責，由第三人在一定期限內完成，專案外包市場應運而生。因為，如果這些業務以增設部門或人

手來完成，不僅人事成本高，而且當業務完成時，這群人手又不知如何安置，人力成本不划算。

有不少企業爲了達到小型化、扁平化，便開始實施外包制度，透過具備專業能力的外包合作夥伴，解決企業內部人手不足的問題、協助企業降低專業知識的缺乏而可能造成的專案製作風險。根據國內派遣業者的資料顯示，截至今年二月委外業務的企業的家數，已經是去年同期的2.8倍，有四成以上的公司採用業務委外，降低人事成本。其中大多集中於多媒體設計、文字編輯翻譯、美術工業設計等業務，預估未來外包業務量還會愈來愈高。

「外包潮」的湧現，雖然企業內部員工的飯碗會被搶走，但專業外包公司卻提供新的工作機會，工作不是消失而是轉移。外包專案同時，也釋放出許多接案的新興就業或創業機會，增加阿魯接案市場。

第2章
兼差好處多！

有些阿魯並非只爲了賺錢，而是想從而實現他們所追求的目
標，經營自己的興趣、嗜好；或者學些知識、培養膽識，爲
改行或跳槽作準備，也可作爲創業的試金石。

既有正職又是兼差者，台灣職場雙面人越來越多。然而當上班族頻繁地擔任兼差角色時，兼差除了賺到錢之外，還賺到了什麼？

為了興趣而兼差

很多人一開始加入阿魯族，不是爲了賺錢，而是爲了興趣和嗜好，藉由兼差實現自己追求的目標與夢想。

我的好友鹿心雨曾經拍過三得利OLD「我的」的廣告〈戀人朋友篇〉：一對男女在酒吧小酌，即將赴美敘職的男方，鼓起勇氣詢問女方：「那妳要不要等我？」廣告中，那位眨著大眼嬌笑的女主角就是在《ELLE雜誌》擔任公關的鹿心雨。

她學過戲劇，喜歡戲劇，演戲能讓她釋放壓力。接拍廣告，除了可以過過戲癮，還可以賺點外快。此外，她還利用週六假日教導小朋友戲劇。可以說將興趣和賺錢做了很完美的結合。

又如，以教導佛朗明哥舞聞名的李昕，也是因爲興趣兼差，做出好成績的好例子。原本是牙科醫生的她，覺得每天看牙的工作，壓力很大，學習佛朗明哥舞之後，不但壓力獲得了抒發，教授佛朗明哥舞爲她帶來豐厚的收入，也開啓了一頁新生活。

荷包邁可邁可

「閒著也是閒著，還不如兼點差，增加一點收入也好」，這大概是阿魯最普遍的想法了。在私立大學教書的黃老師，教授日語的他，除了平時到補習班教日語會話之外，寒暑假還到朋友的旅行社兼差當導遊。他說，他所認識的老師中，有30％以上都有兼差，畢竟老師上班時間靈活，課餘時間充裕，又有寒暑假，閒著也無聊，不是睡覺、談戀愛，要不然就是玩遊戲、上網聊天，不如讓自己忙起來，賺點外快，活得比較充實一點。

在酒吧擔任晚班正職服務生的小湯也是拚命三郎型的阿魯，平常白天的時候，他兼了份打字工作，假日則到大賣場裡幫忙廠商推銷冷凍食品，時薪一百二十元，還可以抽成，兩份兼職工作下來，如果認真一點，算算每個月至少有一至二萬多元的額外收入。這麼多份兼差，讓小湯幾乎沒什麼時間玩樂，但他笑著說：「幹嘛老想著玩！只要有錢就覺得非常爽了！更何況每個月看到自己的存款簿數字一直增加，心裡就會莫名其妙燃起一股快感！」

所以，兼差最大的效益莫過於收入的增加，上班族都是看在錢的份上，而拚了命地兼差。利用零碎時間接點案子，可以在家裡處理，也可以在辦公室偷點時間加工。至於兼差價碼根據時間、困難度、專業度而定，少則數千，多則上百萬都有。有時候拚命一點的人，收入還頗豐呢！

李陽就是這樣子幫自己賺了一部車子。他在一家公司從事包裝設計的工作，上班時間十分規律。兩年前，同學的公司臨時需要包裝設計人員，起初他只是出於一片熱心，被請去幫忙，卻沒想到無心插柳柳成蔭，他所設計的作品極受這家公司的喜愛，從此「腳踏兩條船」。現在的他，平常晚上接接案子來做，週末偶爾到兼差公司「上班」。李陽說：「兼差既可以發揮自己的專長，又能夠貼補家用，緩解一些經濟壓力，何樂而不爲呢？」

累積專業能力與經驗

　　「賺錢不是目的，關鍵是要學些知識」，這是許多新興職業兼差者的心聲，他們在「兼差換取金錢」的同時，也要讓「兼差換取經驗」。

　　王一新是大學英文老師，除了學校教書，同時他還兼了翻譯的差事，他說：「學校裡的封閉環境與有限的收入讓我不得不另有選擇。在一次偶然的機會裡，有位朋友介紹我幫一家公司翻譯文件，有時候，如果時間可以配合，還會請我去當隨行翻譯，就這麼因緣際會地，我擁有了兼差身分。」

　　王一新認爲這份兼差工作，除了實質的金錢收入之外，隨行翻譯更可以讓他增長見識，包括雙方的商業手段、策略等等。對他而言，這是一個可以累積商業經驗的好機會，同

時也讓他在教學的時候，更注重專業應用與執行。「倘若你一直待在一個封閉的環境中，想要提高自己的專業水準，學到你在原本環境中學不到的經驗，兼差是個不錯的選擇，因為你可以接觸到更多的人與事，拓展你的視野與提高工作能力。」他說。

另一位張老師亦有相同體認，他的正職是在學校教數學，幾年前他還到證券公司兼職股市分析。他表示，「兼差並沒有減少我投入教學的精力而影響到教學品質，而且還能夠讓學生透過我個人的經歷看到學科的應用價值。」他並不諱言自己豐厚的外快，「我就是想證明給學生看：做學問的人不一定是苦哈哈的，像外界刻板印象認為數學這一門學問很冷門，是賺不了多少錢的學科，其實它並不是沒用、很空洞的東西，若能善加利用，它能夠帶來財富。」

上班族確實能**藉由兼差感受其他領域工作類別的不同屬性，有助於增廣視野與培育工作實力，以及工作效率的訓練**。尤其現今社會發展與變化屬於倍速時代，世界變化十分快速，多一點體驗，自然對自己的職域具有加分效用。

倘若你只局限於一個領域中發展，很容易被職場淘汰。這也是為什麼很多阿魯族明知兼差很辛苦，但他們仍甘願利用下班時間，或者犧牲週末假期當個兼職達人，增加不同型態的工作體驗。

自我訓練

　　兼差還可以訓練自己從未有過的經驗，培養自己的膽識。在航空公司上班的周曉佳，為了鍛鍊自己，找到了一份推銷健康食品的兼差。剛開始工作的第一個星期六，一早到公司報到後，她的背包裡裝滿了相關產品介紹文宣以及樣品，推銷的地方主要是一些具有規模的超級市場。她記得那一天，上午十點便來到超級市場前擺攤，由於事先得到公司前輩指導的推銷技巧祕傳，剛開始很順利地引起一些路人注意，但一個也沒有買，大家都委婉拒絕，讓周曉佳覺得自己被人潑了整天的冷水。出師雖不利，但她並不打算放棄，離開這家超市之後，她又朝向另外一家超市方向騎去……

　　半年後，周曉佳馬路小英雌的足跡踏遍了整個中和市，扣除開銷之後，其實賺的錢並不多，但當第一次拿到自己辛苦跑了整個月的酬勞時，內心卻無比興奮，「錢雖然不多，但我學到了以前在學校裡或者現在正職中所沒有的東西！特別是兼差帶給我不同角色徘徊的樂趣，在不同工作和生活場所切換頻道，讓自己的工作經歷與生活體驗更為豐富。」她笑說。

預備轉換跑道

　　兼差還有一個很大的好處，就是可以作為改行或跳槽的準備，為以後的工作提供一些條件。**透過兼差，你可以認識**

更多的客戶，無形中建立自己的人脈，難怪不少人將兼差當成正職的跳板，既能夠幫助自己尋找到更適合的職業，同時又能降低重新選擇的風險。尤其對現有工作不滿意或不感興趣的人來說，兼差成為尋求新職業的一種比較穩妥的方法。

　　兩年前，許小姐是一家雜誌社的編輯，雙月刊的工作相當輕鬆。她一直想找機會進入廣告業做文案，可是她沒有類似的相關工作經驗，要進這一行並不容易。一次偶然的機會，有位朋友接了一系列書籍的文案與編輯工作，還標到一家廣告公司委外的案子，由於人手不足，朋友就找她一起合作，這就成為許小姐進入新公司的跳板。現在，許小姐已經辭去雜誌社編輯的工作，順利進入廣告公司當文案。

　　二十三歲的郭曉晶兼差多年，她的兼差是半公開化的，她是某化妝品的銷售代表，客戶族群以年輕女性為主；另外，她還兼了一家公司的保養品銷售工作，以中年女性為主，正職、兼職訴求的客群不同，正好讓她在兩個方面互補。她承認兼差是為自己留條後路，「當業務員總會有不穩定感，隨時有不可預知的變故發生。如果我多累積各個年齡階段的銷售經驗，可以為以後的工作提供一些條件。」

不再為裁員提心吊膽

　　英文底子不錯的力伶，大學時代，偶爾幫出版社翻譯原文書，進入社會後，為了全心投入工作，她謝絕一切兼差的

機會。去年起，為落實人力精簡政策，公司開始進行大規模優離優退行動，就算沒被趕走，留下來的人還得減薪。眼看工作環境愈來愈不好，她開始與過去合作的出版社接洽，重操舊業，翻譯起外文書來了。

她說，景氣不好，難保公司哪天裁員的大刀會砍向她。因此，逼得自己不得不私下規劃好出路，即使將來沒頭路，也有後路可退，當個全職翻譯。所以，為了保持「貨源」不虞匱乏，力伶一直積極地接洽舊客戶，並且一再叮嚀他們，新的案子千萬別忘了找她。

創業準備的前哨站

這是一個創業時代，大家都想當老闆。尤其愈來愈多的上班族，對前途充滿不確定感，未雨綢繆，想開創自己的事業。然而，**在資金有限、缺乏經驗之下，不想冒太大風險、又想嘗嘗創業滋味的上班族，兼差可作為創業的試金石**。兼差能讓你學習如何當一位老闆，磨練能力、累積經驗與專業知識，又不佔用上班時間、也不必放棄現在的工作，是想創業的上班族的前哨站，可說是一舉兩得。

尤其上班族可以善用現有職場的優勢，充分利用在工作中累積的資源和建立的人脈關係進行創業，大大減少創業的風險。也許你現在公司的客戶，將來有可能變成你創業之後潛在的客戶。

此外，想開什麼店，不妨先到相關的行業兼職。就像在保險公司上班的謝先生一樣，愛喝咖啡的他，從學生時代就想自己開咖啡店，沒有資金也沒有開店經驗的他，只好利用賣保險以外的時間，到朋友所開的咖啡店當店員。他說：「當店員，除了賺點外快貼補創業資金之外，最重要的是偷師學藝，一邊學習管理與財務，一邊整理客戶資源與市場資訊，並且摸索客戶的喜好與市場變化，為自己將來開店預作準備。」

第3章
兼差管道知多少？

透過親友介紹、報紙的求職版、兼職網站、人才仲介機構，或者口耳相傳，到處都有賺外快的機會！也可以加入「人力派遣公司」的會員，得到更快速、更合適的兼差機會。

兼差定義廣泛，只要能賺到錢的工作，都可以稱之為兼差，小至拿時薪發傳單、填問卷，大至承攬企業集團的網站規劃、主機代管專案。兼差工作怎麼找呢？其實不難，報紙的求職版、兼職網站、人才仲介機構或者是口耳相傳，到處都有賺外快的機會！如果真的苦無管道，也可以加入「人力派遣公司」的會員，得到更快速、更合適的兼差機會。

上班族兼職接案的管道

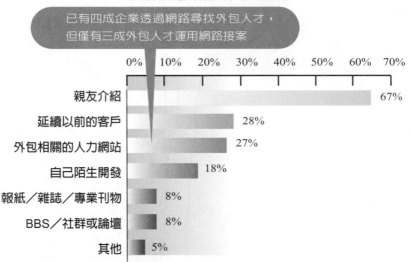

已有四成企業透過網路尋找外包人才，
但僅有三成外包人才運用網路接案

管道	百分比
親友介紹	67%
延續以前的客戶	28%
外包相關的人力網站	27%
自己陌生開發	18%
報紙／雜誌／專業刊物	8%
BBS／社群或論壇	8%
其他	5%

資料來源：104專案外包網站（2005／6／9～2005／6／30針對個人
　　　　　端的網路問卷調查）

透過親朋好友的介紹

　　親朋好友是最佳的兼差宣傳管道，將找外快的訊息盡可能廣為周知，他們自然成為很好的接案網絡。不要以為周遭的親友不會有案件管道，搞不好機緣就在你身邊。透過認識的人介紹，接案成功的機率較高，較有保障。但切記，盡量不要告訴公司同事，即使跟你頗有交情的，也不要說，避免有個「不小心」，消息走漏傳了出去，被老闆知道，就不太好了。

　　不過，透過親友介紹，難免有人情壓力，例如價格壓得很低，或者以後有問題無限期要你售後服務等；也常因為認識的關係，省略合約，導致往後認知不同，鬧得不歡而散。為避免糾紛產生，**切記一定要親兄弟明算帳，價格、規範、執行細節、售後服務等等條件都要事先講清楚，能訂合約就要訂合約，不要覺得不好意思，與其事後鬧紛爭，倒不如事前講明白。**

透過主要媒體

　　傳統的報紙分類廣告、熱門的網路媒體都是兼差管道。報紙所提供的兼差機會以服務性質為主，如餐飲業、加油站等計時工讀生，或電訪員等。近來網際網路的興起，不僅兼差更加便利，網路亦成為兼差職位最大的資訊發布來源，是兼差最便利的管道，型態也很多元化。目前比較知名的兼差

網站是104專案外包網、JCase等外包網站。

　　這種兼差媒合機構，一方面專業度較高，可以取得相關案件詳細的資訊，並能享有相關的權益服務；另一方面資源廣泛，從工程師、技術師等專業性較高的工作，到一般短期的會計、行政等職缺，應有盡有，而且透過他們的初步過濾篩選案件委外者的背景，可以有效避免阿魯族的不適任問題。

　　目前JCase、104專案外包網都是採取會員制，分為免費會員與付費會員，享受權益不同。對於接案有興趣者，到網站上填寫簡單的個人資料，即可成為免費會員，瀏覽相關資訊與簡單的案件性質描述，並不需要付費。但是若想進一步知道案件的聯絡方式，就必須成為付費會員，半年費用約三千多元，一年約六千多元。

　　加入外包網站的付費接案會員，真的可以接到好案子嗎？不一定，外包網站只是提供兼差機會，案件來源雖多，並不表示就有你想要的。像有位朋友曾經加入某外包網站付費會員，付了半年的錢，始終沒有看到適合的案子。因此，建議先加入免費會員，上去逛逛，看到有合適的，再成為付費會員，取得案件聯絡方式。避免付了一年半載的會員費用，還是沒看到心儀的案件，白花了錢。

　　除了收費的專案外包網站之外，一些人力銀行也有免費提供兼職機會，不妨善加利用之。當然，這些免費兼職機會

多是打字、排版、餐飲服務、門市人員等計時工作。若要找設計、程式等專業案件，還是得考慮外包網站。

外包網站收費一覽表

	JCase	104專案外包網
半年費用	1.分類付費：NT$ 2,700／每一分類 2.總覽付費：NT$ 3,600	NT$ 3,800
一年費用	1.分類付費：NT$ 4,500／每一分類 2.總覽付費：NT$6,000	NT$ 6,700

資料來源：JCase網站、104專業外包網

外包網站免費會員與付費會員權益比較表

會員權益及服務	會員身分	
	免費接案會員	付費接案會員
接收最新案件快報	V	V
查詢與瀏覽案件內容	V	V
討論區發言	V	V
查詢發案公司聯絡資料		V
可主動聯絡發案公司		V

資料來源：JCase網站、104專業外包網

公司客戶或合作廠商

　　上班族最佳優勢是可以透過工作累積人脈，為自己建立外快管道，不管是以前、現有公司的客戶，或合作廠商都是不錯的兼差來源。

　　從事網頁設計的陳曉如踏入兼差之列，就是以前的公司客戶來找她幫忙。她與前公司某位客戶合作非常愉快，也和客戶端的經理混得很熟。離開公司之後，她繼續與這位經理保持聯繫。有一次，這位經理緊急請她幫忙設計網站，自此曉如開始了她的兼差生涯。她說：「離開公司之後，不要跟一些熟識的客戶或者廠商斷了聯繫，因為他們都有可能是你的人脈，不管是找工作，還是兼差，只要他們認為你表現不錯，雙方都有機會再合作。」

　　如果是透過現有公司的客戶或廠商，操作上得小心一點，畢竟公司都不允許員工兼差，為了保護自己，不妨跟這些合作對象簽訂簡單的保密協定。當然，保密協定並無法百分之百掛保證。只不過有了保密協定，對方比較謹慎，不敢隨意將你的兼差消息外洩，起碼有個安心的保障。

口耳相傳

　　所謂「金杯、銀杯不如大家的口碑，金獎、銀獎不如大家的誇獎」，只要你接案的品質良好，夠誠懇、實在，不僅能留住老客戶，還能透過他們的口耳相傳帶來更多的案源。

品質是評估任何案件成果的重要因素，能夠控管品質、盡力執行承接案件，多數客戶應該都能感受到你的用心與努力。一旦雙方合作愉快，取得對方的信任，未來這個客戶還有其他案件時，相信你應該是不二人選。

　　不管兼差案件大小，不論金額多寡，都不能夠偏心。大的案件就花多一點心思，小一點的案件就隨便，這是最要不得的心態。有些客戶可能剛開始會先發些小案子來測試你，藉此觀察你是否是一個值得信賴的合作對象。通常，只要能夠贏得客戶對你的好印象，再合作不難，甚至還會「呷好道相報」，幫你介紹其他案源，如此一來，兼差機會就會源源不絕。因此，與合作對象保持良好的互動關係相當重要。

外包案件，阿魯最愛啥？

　　近年來，不少企業流行將網站設計、採訪編輯、文字寫作、外語翻譯、美工能力、平面設計、攝影、打字等專案外包給個人或工作室完成，費用從數萬元到數十萬元都有。由於工作時間短、獲利豐厚，吸引許多擁有這些專長的上班族標案，當做兼職，但也因為想兼差的人愈來愈多，競爭十分激烈。

　　目前專案外包類型約分為三類，「資訊類」，例如網頁設計、架構企業入口網站；「設計類」，如廣告文案、廣告傳單、商展會場設計；「文字類」，如翻譯、文件打字。

104專案外包網—發案方產業TOP6

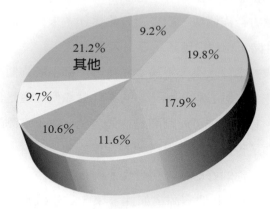

9.2%

19.8%

21.2%
其他

9.7%

17.9%

10.6%

11.6%

■網際網路相關業　　■圖書出版文化事業　　■MIS及軟體相關業
■廣告行銷公關業　　　學校及文教　　　　　■多媒體相關業

資料來源：104專業外包網

　　104專案外包網就指出，在眾多委外案件中，動畫設計
類最多，這一類接案高手以專職SOHO族居多，企業可以根
據接案者以往的案件或作品作為評估，比較放心將案件交給
專業的接案高手執行；其次為網路資訊類，這類的接案高手
多數是已有多年工作經驗的兼職者，多半能提供發案者更佳
的執行方式。

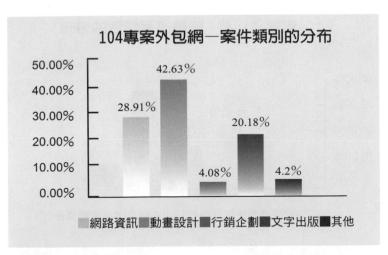

104專案外包網─案件類別的分布

	網路資訊	動畫設計	行銷企劃	文字出版	其他
百分比	28.91%	42.63%	4.08%	20.18%	4.2%

資料來源：104專業外包網

　　隨著兼差熱度愈來愈高，到底哪些是最受兼差族青睞的選擇呢？以行業別來看，根據國內某知名人力銀行調查顯示，「餐飲服務」、「便利商店、速食業」、「業務推銷」、「直銷人員」、「家教」高居前五名，為兼差族的五大熱門行業。

　　以外包案件類型來看，104專案外包網指出，外包網網站會員多是上班族，比較想承接為期較短暫的，如翻譯、文編校對、文件輸入等案件，是阿魯的最愛與首選，因為這種案件不需要花費太多下班後的時間及精力，即可完成所交付的專案，高達四成的接案人都是衝著文字出版案件而來；其次是動畫設計類，以專職SOHO身分的居多，他們對設計充滿喜愛，希望專長能有更多發揮的空間。

104專案外包網—會員接案類別的分布

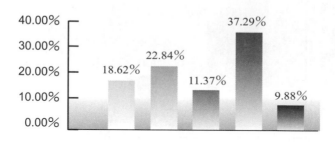

資料來源：104專業外包網

兼什麼差最好？

　　兼差可分為兩種，一種是勞力兼差，屬於付出體力型，純粹是花時間換取金錢，例如電訪員、門市人員、餐廳服務人員、打字員等等，通常以時薪計算。雖然市場機會多，但工作重複性高，可以延伸的附加價值不高，加上專業性與長遠性不夠，很容易被取代。

　　另一種是腦力兼差，強調以時間換取經驗，獲取收入，例如程式設計、市場調查、活動企劃等等。雖然勞力型的兼差也有可能獲得某種經驗，但它的附加價值絕對沒有腦力型兼差來得高，通常腦力型的阿魯經過一段時間磨練之後，最

後自行創業者大有人在，例如有些電腦工程師接案多了以後，有固定的客源，便自己開起小型工作室來了。

任何兼差雖然都可以賺取收入，但附加價值不一樣，如何讓兼差工作具有意義、附加價值延展性高，就得靠智慧與選擇。

兼差好時機

兼職市場有所謂淡、旺季，舉例來說，到了年底的時候，不少企業沒有多餘的人事預算，於是便改採外包策略，將部分工作委請專業的接案工作者進行。

所以，像過年、聖誕節等各大節慶來臨的時候，通常是交易市集、百貨業、餐飲業兼差的旺季，不少出版業、餐飲業、娛樂業者，甚至物流業、休閒旅遊、飯店業，都蓄勢待發，準備趁節日大撈一筆，所以人才需求孔急，以便於可以應付龐大的工作量。舉例來說，年菜市場一年熱過一年，餐飲外送或南北年貨配送的物流宅配業生意特別好，春節短期兼差需求大增，工作內容以櫃檯服務、隨車配送、包裹收件、貨物堆疊為主；或是農曆年前，迪化街的一些攤位也會雇用大量的工讀生，工作八小時、日薪一千二百元，也很吸引人。

一般而言，年節期間，店家開出的薪水價碼比平日優渥，根據udnjob人事線上估計，平常兼差時薪每小時85元至

100元，春節期間由於各行業搶人，兼差時薪可以飆到90元至120元，最高價碼甚至開到150元。想要兼差的人可以趁這個時候，賺滿荷包過好年。

薪情告白

雖然兼差並非主業，但只要個人具備較高的職業技能，兼差收入同樣讓人垂涎，有的可以每個月多出幾萬元，有些甚至高過正職薪水，千萬不要小看兼差收入。

基本上，兼差市場的行情滿混亂的，除了以工時計算的兼差，如餐飲業服務人員、超市或賣場促銷人員等，比較有一定的價格範圍之外，一般接案，如平面設計、企畫案件、程式設計等，端賴自己的經驗與能力去議價，並沒有一定的價碼，有時候競爭者眾，還會流於殺價競爭而不敷成本，接案前必須好好算一算，包括人力、時間、消耗品、水電費等成本都要列入考量。以下列出幾類常見的兼職行情與能力要求，提供阿魯參考。

2004年打工／兼職人員時薪表

職務	時薪
內勤行政	86.43
打字文書	92.54
銷售客服	101.51
外務外勤	91.38
服務門市	78.23
市場電訪	104.28
體力勞動	87.52
網頁或程式設計	126.26
教學	331.42

資料來源：泛亞人力銀行　　　　　　　　　　　單位：元

文字類

1. 廣告文案或企劃

　　主要工作是撰寫文宣、形象文案或者產品企劃。通常，這類兼差以房地產和廣告行業為主，為銷售的商品，例如房屋，撰寫廣告或者產品文案。這些工作需要創意性較強的人，兼差者必須有很強的企劃能力，或者富有創意，文字功底強，如果能夠具備一定的相關行業知識是最好不過的了。至於報酬視案件大小而定，從數萬元到數十萬元都有，看案件大小、兼差者能力與以往經驗而定。

2.業餘寫手

是兼差中常見的一類，文字功力要有一定水準。多以稿費計算，包括收取版權費用、以字數計算兩種方式。以字數計酬者，每字約1～3元不等，有些知名度較高者還可以要到每字5元；以版稅計酬者，端賴作者與出版社之議定，版稅介於10%～20%，也是要看作者的知名度而定。

翻譯類

1. 筆譯

需要有良好的中外文運用能力，有翻譯經驗者優先。由於現在出國留學的人增多，語文人才不虞匱乏，競爭者眾多，可說是賣方市場，行情並不如想像中的那麼好。除非是較為冷門的語文，或者特殊、專業性較強的稿件，需要翻譯人員有相關專業的行業背景時，才能爭取到較好的翻譯價碼。此類案件多以字數計價，每個字約0.8元。如果是翻譯公司的兼職翻譯，兼差者不直接從客戶手中接案，而是透過翻譯社，酬勞由翻譯社支付，相對較低，好處是案源比較固定，不用自己費力四處接案。

2. 口譯

兼差口譯一般有兩種，報酬差距還滿大的。一是隨行翻譯，一般會話較為流利，懂得日常通用會話翻譯，聽力還不錯的人即可勝任，報酬一天約幾千元。

另一是同步口譯，要求較高，必須經過特殊訓練，有長期豐富的外語口譯經驗的翻譯人員才能勝任，除了外語功力要強，有流利、豐富的中文表達能力之外，甚至還得有相當的專業知識，對政治、經濟、文化各個領域要有一定的認知度。當然，這類兼差報酬非常可觀，價碼視需求急迫程度、工作時數負荷、整體獲利效應、口譯背景知識、組織協調功能、口譯專業技能等方面而定，價碼通常不低，有的半天收入甚至高達上萬元以上。

台灣口譯市場的價格

口譯技能	口譯價格（台幣）	超時費加收標準（台幣）
隨行口譯	約8,000元／天	1,000元／時
會議短逐步	約1.8萬元／天	2,000元／0.5時
會議長逐步	約1.8萬元／天	2,000元／0.5時
同步口譯	約1.5萬元／天／人	2,000元／0.5時／人
多語言同步轉譯	約1.8萬元／天／人	2,000元／0.5時／人
備註	3語種以上另加一成行政費	若需會前準備會議，1,000元／時／人

（以上價格僅供參考）

資料來源：〈論口譯的價值與價格〉，輔仁大學翻譯學研究所專任副教授楊承淑

設計類

1. 插畫

　　行情看自己的能力、經驗，以及作品的大小、複雜度、彩色或黑白等條件而定。

　　一般而言，插畫市場價格滿亂的，沒有一定的公定價格，尤其涉及設計的東西，見仁見智。這類阿魯必須有心理準備，會被壓低價錢，也有可能常會被客戶要求改來改去，若將時間成本算進去，到最後，可能工資相當低。因此，報價時，不妨想一下，尺寸大小、構想畫面與畫稿所需時間，以及未來可能的修改時間去計算價格會比較合理。

插畫價格

插畫種類	繪製基本費（台幣）	每次修改費（台幣）
可愛向量類	150元	100元
可愛噴畫類	300元	150元
向量插畫類	3,000元	500元
插畫類	300元	150元
數位合成	5,000元	500元
3D模型	1,000元	500元
3D插圖	1,000元	300元
FLASH動畫圖案	300元	150元

資料參考：Hi-AD設計師素材網　　　　　　（以上價格僅供參考）

2.平面設計

報價和插畫差不多，視平面製作物的大小而定，費用約1,000至20,000元不等。而且也是沒有一定標準可依循，主要還是看技術、專業水準、製作物所需花費的工、時程、客戶要求等。如果客戶喜歡你的東西，A4單面一張報到10,000元也行，倘若沒掌握到客戶喜好，一張2,000元，他們都會覺得太 貴了。

設計完稿價格（不含打字、攝影、插畫）

設計種類	設計基本費（台幣）	每次修改費（台幣）
A4單張DM目錄	3,500元	500元
A4型錄手冊	300元／頁	500元
4K海報	4,500元	500元
對K海報	5,500元	500元
商標	5,000元	500元
完稿	500元	100元
卡片設計	1,500元	500元

資料參考：Hi-AD設計師素材網　　　　　（以上價格僅供參考）

電腦網路類

1.軟體工程師

軟體開發的兼差機會很多，一些規模較小的公司喜歡用

兼職人員。根據不同的開發案件、難易程度，報酬差距很大，通常以專案計價，數萬元至數十萬元都有。有些較為複雜的軟體開發，兼差要求高，例如必須熟悉ASP、JAVA等語言，或者Oracle、MySQL、DB2等資料庫，甚至對於某類開發平臺，如J2EE平台等必須有深入了解。通常，具有專案開發經驗者會優先考慮，因為這類工作一般要求負責頂端的軟體架構設計、功能模組的劃分等、核心演算法設計等，經驗相當重要。

2.電腦組裝

必須熟悉電腦市場各配件的品牌、型號和價格，提供顧客選購電腦之參考，然後組裝成電腦，並安裝作業系統和應用軟體。有時還需兼顧顧客的維修服務，為顧客解決死機、中毒等各種常見問題。兼差電腦組裝人員在週末或者節日、假日需求量較大。可以自己接案子來做，組裝電腦並灌好軟體者，約1,000至2,000元，要有一定的保證品質及付費售後服務；或者可以到電腦專賣店兼差，一小時約100～300元。

3.網站建置

此類是現在很流行的兼職，包含程式、網頁及多媒體設計。根據網站建置的不同要求，報酬差距較大。以程式設計而言，從幾萬元到百萬元的收費都有，視程式複雜程度與網站功能要求、規模大小而定，舉例來說，模組靜態型的網站可以根據很多套的網站模組版型，選擇出較為合適的加以改

網頁及多媒體設計價格

項目	參考價格
HTML靜態首頁	3,000～5,000元
首頁圖檔Logo設計	500～5,000元
含Flash首頁（以10秒計價）	約5,000元
HTML靜態內頁	800～1,500元
含Flash內頁（以10秒計價）	1,000～3,000元
套用版型內頁	1,000～2,000元
人物修圖去背	300～500元／張
圖片合成	500～1,000元／張
掃圖	100～500元／張
一般物品修圖去背	200～500元／張
Flash 2D動畫	約1,000元／秒
Flash 3D動畫	1,000～5,000元／秒
Flash角色創造	3,000～50,000元／個
Flash Banner（以468×60pixels計）	1,000～3,000元
Gif檔Banner（以468×60計）	500～3,000元
單頁e-DM	1,000～5,000元／頁
廣告活動頁	1,000～2,000元／頁
電子報單頁設計	2,000元／頁
網頁維護（版型不變，內容更新）	500～1,000元／每項

（以上價格僅供參考）

資料參考：「網頁及多媒體設計報價參考問卷統計結果」，JCase外包銀
行於二〇〇三年一月～二月所做的問卷調查，上述資料摘
取問卷調查結果的報價金額上下限的眾數。

網站程式設計

項目	參考價格
線上意見／聯絡表	1,800元
基本留言板	2,800元／個
基本討論區	3,800元／個
網站會員資料庫	18,000元／個；會員資料每增加一項以300元計。
訪客計數器訂做	600元／個
網站線上投票系統	3,000元／個
電子賀卡寄發系統	5,000元／個

資料參考：E-Wise 捷思網路資訊服務 　　　　　（以上價格僅供參考）

良，製作簡單，收費較便宜；如果是複雜、功能較強的動態型網站建置，例如有產品搜尋、訊息發布、留言、會員等系統，不是根據模組版型就能製作，需要製作者運用各種軟體自行設計，花費時間較長，收費自然較高。

勞動類

1. 現場促銷人員

此類兼職按形式內容不同，要求也不同。基本的要求是口齒伶俐，有相關工作經驗者優先，兼差報酬每天約800～1,000元。有些促銷人員還可以根據業績領取論件計酬的額外佣金。

2. 門市、餐廳服務、加油站等人員

多數以時薪計算，受行業別、工作性質及工作時間影響頗大，兼差報酬每小時約70～120元。舉例來說，也許加油站90元起薪；速食連鎖業剛報到的工讀生，時薪才70元，打烊班才有可能破百；門市連鎖店大約是82元起薪。

3. 電話訪問人員

上班族兼差的熱門選擇，工作類型包羅萬象，包括電話行銷、電話市調、信用查核、客戶服務等等，通常以時薪計算，每小時約80～130元。電話訪問時間彈性，上班族可以自動調配上班時段，如果以電訪一小時110元計算，一星期兼十二小時一個月下來也有五、六千元的外快。

4. 打字

通常要求打字速度，錯誤率越小越好。如果是其他語文的打字，報酬相對更高。此類案件不僅要打字，還要負責排版、修改，價碼通常以頁數計算。因為技術門檻不高，難以談到好價格，儘管打一頁Word只賺150元，還是有人搶著做。所以市場價格混亂，差距甚大，一頁可能只有40元，也有可能80元。

其他類

1. 編輯

出版社經常徵兼差編輯，必須有良好的文學底子、編輯

工作經驗、和出版書籍內容相關的知識經驗背景等等。兼差報酬約每小時120元。除了出版社編輯之外，隨著網際網路的興起，使得網站兼差編輯應運而生，以有相關行業或新聞相關經驗者優先，撰寫網站文字、編輯專題和專欄等等。報酬根據難度、作業性質不同而有所差異。有些網站還要求編輯必須熟悉該行業的專業知識，能及時搜尋相關資訊，提供市場動態、分析及預測評論。

2. 攝影

報酬要看真本事了，拍得好不好，作品馬上反映出來，也成為談判的籌碼。目前來說，數位相片一張差不多300元，45相片大約1,000～1,500元，120相片約500～700元。

攝影價格

拍攝內容	120價格（台幣）	同項重拍費
素色底去背（同背景去背拍攝，不含商品整理）	300元	200元
氣氛商品（不含道具）	1,200～2,500元	1,200元
人像攝影（不含造型化妝）	800～1,200元	800元

資料參考：Hi-AD設計師素材網　　　　　　（以上價格僅供參考）

3. 教師

　　兼差教職機會越來越多，不單只有補習班或課輔班可以兼差，賺賺上班族的錢也可以。不少上班族流行請專門的家教提高自己的工作競爭力，種類愈來愈包羅萬象，語言、電腦、才藝，或者上上進修課程，提供具備專長的人另一個賺錢管道。報酬以時薪計算，根據專業領域不同而不一樣，有的每小時一百多元，例如課輔班老師或者補習班的導師，有的每小時可以高達數千元，例如專教考研究所、公職人員的補習班名師。

　　以上是常見兼差薪酬及各類兼差要求，其實兼差報酬上下浮動很大，很多時候取決於雙方的面議、兼差者的經驗與談判能力。因此，阿魯在努力提高自己技能的同時，也要提高自己的談判能力。此外，兼差薪水若要高，一定要找專業的工作，也就是腦力型的兼職，如教師或程式設計師等都是薪水較高的工作唷！

第4章
你適合兼差嗎？

可以一心二用、願意犧牲休閒，或是體力能承擔額外工作負荷的人，以及工作清閒、能夠準時正常上下班者，下班之後可運用的時間較多，較適合兼差。

有外快可以賺，誰不想賺呢？但是每個人都可以兼得了差嗎？那倒未必。以下來看看兩個例子，就可以知道，兼差並不是所有人都可以辦得到的事情。

　　翁小姐同時在兩家網站做著網路維護方面的工作，不過她並非每天都需要在兩家公司奔波忙碌，透過工作配置得宜，加上嫻熟的專業知識運用與借助於現代網路技術，她有不少工作都能夠在家輕鬆搞定。翁小姐說：「雖然正職、兼差兩頭忙，但是我覺得工作安排還滿得心應手的，體力負荷也還不錯，況且兩份工作使我覺得生活很充實。」

　　但是，陳先生可就沒有翁小姐這麼完美了。他原本在一家報社工作，在網路最熱的那年又到了一家網站當兼職編輯。兼差半年之後，陳先生說：「我就像一台工作的機器，每天不停地運轉，好像總有一天會轟然倒下的感覺。」他感到非常害怕，並體會到拚命地工作令他心力交瘁，於是他從兼差生活中「逃」了出來。有了那段經歷之後，他再也不兼差了，因為兩份工作讓他每天非常忙碌，身心嚴重透支，沒有喘息和放鬆的機會。

　　的確，兼差不一定適合每個人。兼差勢必花費額外的體力與心力，使自己的本職工作投入的精力和時間有所折損。但並非人人都能一心二用，也不是個個都能駕輕就熟，不會影響到正職。更何況，自己是否是那一種願意讓兼差剝削休閒生活的人，或是體力能否承擔額外的工作負荷，這些都是

問題，值得你考慮。

什麼人適合兼差？

有人說了很久要找兼差，但遲遲沒有動作，有些人「惦惦吃三碗公飯」，兼了好幾份差事，到底哪一類型的人適合兼差呢？

■ 時間靈活、精力充沛

工作時間安排比較靈活、精力充沛的人選擇兼差更有競爭力，例如老師、顧問、記者等等。舉例來說，一年中，老師不但有寒、暑假，而且不像上班族那樣需要朝九晚五地上下班，更有時間選擇兼職；記者工作彈性，不需要坐辦公室，兼職出書、寫外稿，甚至上上電視或廣播節目都可以，只要根據要求，按時呈交作品即可。尤其現今網路非常發達，案件傳遞方便、快捷，也為兼職者提供了更多便利之處。

■ 非常愛錢

以錢至上，喜歡錢的人，絕對非常適合兼差。因為人是有惰性的，當愛錢的動能不足的時候，就會被惰性所掩蓋，即使心裡老想兼差，終究還是無法辦得到。但是，非常愛錢的人可不同了，一股找錢的動力將驅使他們努力去打探賺錢的門路，只要哪裡有錢賺，就拚命往那裡去，不會錯過任何

機會。

像《錢雜誌》的總編輯許啓智，基於對錢敏銳的嗅覺，讓他在六歲時，便加入兼差一族的行列。

還是個小學生的他觀察到，下課時間學生們便擁到學校的福利社買一支一元的冰棒。由於他家離學校很近，於是他央請媽媽煮一大鍋綠豆湯，然後分裝到印有「太空飛鼠」圖樣的冷凍袋中，製作綠豆冰。每天放學後，他就飛奔回家中，打開窗戶賣綠豆冰，一支賣六毛錢，比學校的福利社便宜。由於他的父親是校長，他的人緣也不錯，所以才六歲的小小年紀，賣冰的生意就做得十分出色。

長大成人進入社會後，他的第一份工作是在銀行任職。漸漸地，他發現銀行的工作很無聊，每天數的都是別人的鈔票，於是他轉往《經濟日報》任職，開始投入股市。以賺錢為職志的他，現在擔任《錢雜誌》總編輯，可以說一直在從事和「錢」有關的工作，他是我的朋友中愛錢又兼差成功的好案例！

■永遠不滿足現狀者

有些人常常抱怨工作做久了很無趣，每天重複同樣的內容與性質，沒有什麼挑戰與作為。這種人也擁有找兼差的動力。因為他們對於現狀並不滿足，想要超越目前的狀況，兼差無疑提供了另一種角色扮演，讓他們實現挑戰自我、超越

自我的目標，展現自我設定的抱負。

■ 有耐心、毅力者

有較強的耐心和毅力的人也很適合兼差，因為不少兼差工作非常瑣碎，或者碰到是急件型、希望快馬加鞭在幾日內完成的工作，有時候連正職人員都不見得願意做，但是這些差事在兼職人員眼裡，為了錢，他們也會卯足全力、硬著頭皮承接下來。所以，有耐心與毅力者，才能夠為人所不能為，忍人所不能忍。

■ 勇於開拓的精神

某種程度而言，**兼差必須要有點膽量與開拓精神去嘗試或者找尋致富的方法**。下頁提供一個小測試，讓你了解一下自己的性格，看看自己是否有勇於開拓兼差事業的精神喔！

小測驗　開拓兼差事業的精神

問題 1　對現在的工作態度

a）非常滿意　b）普通　c）完全提不起勁

問題 2　覺得現在的薪水

a）很滿意　b）普通　c）非常不滿意

問題 3　是否想過要跳槽？

a）沒有想過　b）暫時沒有　c）等待合適機會

問題 4　對新鮮事物持什麼態度？

a）提不起興趣　b）普通　c）有機會會嘗試一下

問題 5　是否了解自己的個性？

a）不太了解　b）視情況而定　c）很了解

得分計算方式：選a得1分，b得3分，c得5分

積極型（20～25分）

不滿意自己的薪水，希望在正職的工作以外，開拓其他賺錢的途徑。

穩健型（10～20分）

還能接受自己的薪資水準所以對於兼職的態度略顯謹慎，容易喪失一些好機會。

滿意現況型（5～10分）

非常滿意現況，是屬於相當穩定的上班族，不希望將多餘時間與精力花在兼職上面，常常容易在正職之中實現自己的價值。

資料參考：北京新浪網創業版心理測試題庫

適合找兼差的幾大正職工作

適合兼差的正職特性

　　人人都想賺外快，但是並非所有擁有正職身分的上班族都可以兼差，到底正職需要具備哪些特性，才適合再去找其他兼差呢？

工作負荷輕

　　兼差勢必對於體力與心力有所影響，倘若你本身的正職非常忙碌與緊張，或要常加班，就不適合兼差。因為過多的負荷將會加速身心的耗損，搞到最後，錢賺到了，但卻得賠上健康，賺的錢還不夠付醫藥費用，得不償失！反之，若是工作清閒或者能夠準時上下班者，因為下班之後可以運用的時間多，有時還可以偷偷挪用點上班時間，此類正職較適合當阿魯。

正職可以延伸為兼職

　　也就是同一招式，能夠正職與兼差通吃者，這種對於兼差具有省時省力效果的正職，算是滿適合兼差的行業。舉例來說，如果你本身就是老師，除了在學校教書之外，時間允許的話，還可以到其他學校或補習班教書。因為正職就是老師，兼差還是當老師，兼差對你而言可說是駕輕就熟，不需要花費太多的準備時間，有時甚至同一套教材

就可以打天下。

哪些正職適合兼差？

所謂「馬無夜草不肥」，兼差不僅增加收入，還可以充分發揮自己的所能，拓展知識面，提升技能。有的人甚至從兼差轉為正職，找到了職場第二春，所以如果有精力的話，何樂而不為呢？那麼，對於上班族而言，究竟哪些職業是比較適合兼差的呢？

■ 撰稿人

媒體行業中，最常看到兼差現象。對於正職就是從事採訪工作的人而言，難度不高，只要文字能力還不錯者，不難找到兼差。舉例來說，現在的記者，尤其是平面記者，兼其他媒體的特約、專欄記者，或者寫外稿，比比皆是。通常他們多數持保密態度，以筆名出現。

撰稿費用以字數計算，每個字約一元至三元不等，有些每個字還高達五元，端賴撰稿人的知名度、採訪路線以及撰稿經驗。如果是出版書籍的話，以字數計費或者抽取版權費計算皆有。

此外，近一兩年來，記者圈相當流行上電視談話節目賺取外快，已成為半公開的兼差。不過，有些媒體明令規定不允許旗下記者上電視兼差，有些雖沒有明文規定，但記者必須向公司報備。通常此類兼差者必須有一定知名度，或在採

訪領域有專業見解與評論，抑或掌握社會大眾所不知的祕辛、八卦者，通告價碼，也就是所謂的車馬費，約一千至三千元不等。

■ 公關或市場企劃人員

策劃能力強、熟悉市場行情的企劃人員，或者具有豐富的媒體聯絡、公關操作經驗的公關公司或企業公關人員，要找尋相關領域的外包案件是一件駕輕就熟的事情。

此類人員能利用的公司資源很多，舉例來說，企劃人員可以參考公司曾經執行過的專案，作為兼差企劃案的範本；或者公司若有相類似的市場調查數據亦可作為行銷規劃的參考等等。**但最好避免承接同產業或者競爭對手的案件，所謂同行競爭最忌諱商業機密洩漏。**

公關人員則是可以透過現有公司掌握的媒體資源，轉為其兼差案件所用。舉例來說，舉辦記者會，如果手中沒有記者名單，便需要自己一家一家媒體去查詢，費時又費力，即使透過公關公司取得，也必須付費。但倘若自己就是公關公司或者企業公關人員，取得記者名單並不難；或是記者會的場地布置與活動表演，都可以找與公司配合的廠商，既能掌握廠商品質，又能取得價格優惠，但最好避免讓廠商知道是自己承包的案件，可以推說是朋友的案子，由朋友出面、自己隨行與廠商商談執行細節。

■ 廣告公司文案

　　廣告公司文案對於創意及文字水準都有很高的要求，有一些資深的文案甚至執行過許多大型廣告案，經驗十分豐富，有一定的口碑，因此這種類型的工作者是許多外包企業非常喜愛的合作對象。

　　廣告公司文案常需要配合所負責的公司客戶之時程，倘若兼差，正職與兼差軋在一起在所難免。文案是屬於一種創意工作，需要時間發想，肯定會熬夜工作，當正職與兼差的工作時程剛好湊在一起時，十分傷神，身體也會吃不消。因此，此行業的兼差者，如果要找與正職同性質的兼職文案，時間的妥善規劃、兼差案件的時機選擇，必須審慎處理。如果上班時間比較規律的文案工作者，倒是可以找一些輕鬆一點的，不太需要費腦力的兼差工作，比如為一些雜誌、出版社做文稿校對等等。

■ 美術設計人員

　　專業美術設計人員在本職以外，不時接一些「私活」，幫一些公司做美術設計一點也不稀奇。有的是透過朋友介紹，有的則是原來的客戶。美術設計講求技術，市場需求雖大，但爭飯碗者眾多，這類型兼差者需要較強的設計水準與能力，學歷則較沒有硬性要求。通常首次合作的發案主，不曉得接案者的實力，要求看看接案者以前的作品是一定要的。若有心踏入兼差行列的美術設計人員，最好平時能多累積一些作品，對於接案成功與否具有加分效果。

■ 教師或講師

　　教師兼差處處可見，是非常適合兼差的行業。主要是，老師教學時間固定，能夠準時上下課，時間運用具彈性，可以到補習班上課或者自己開設補習班，有特殊專業者還可以到其他企業兼職。舉例來說，體育老師到健身中心擔任健身教練，或擔任其他學校各種球類運動、游泳等兼差教職工作；外語老師不僅可到外語補習班教課，亦可為報刊雜誌翻譯稿件、為出版社翻譯一些國外暢銷書，寒暑假還可以擔任兼差導遊等，都是常見的兼職。此外，企業中也有兼差顧問或講師，以企管顧問業最常見，特別在知名顧問公司中，以個人身分為其他企業諮詢者不在少數。

■ 業務人員

　　業務人員待在辦公室的時間不多，常常在外面趴趴走，時間調配彈性高，只要銷售能力夠，一魚兩吃並不難。怎麼說呢？如果正職是壽險銷售人員，除了銷售保單之外，還可以順便銷售其他產品，例如化妝品、健康食品等等不同性質的商品；又或者當電腦銷售人員，亦可銷售其他3C相關產品給消費者。這種跟正職一樣都屬於業務性質的兼職，自己宛如是不同產品的代理商，販售不同公司的不同產品。

　　不過此類人員兼差之前，必須先衡量自己本業的銷售能力如何？是否能夠達到公司所要求的業績目標？業務人員雖然不用整天被綁在辦公室，自由度很高，兼差比較容易，但

可得背負沉重的銷售壓力，本業的業績沒有辦法達到，再去兼其他的事業，可能到最後正職、兼差都做不好。

■ 資訊產業

　　企業外包網站的發包案件，以資訊網路類為最大宗。尤其網際網路的蓬勃發展，網頁需求、資料處理的增加，或者資訊產品層出不窮，資訊產業相關人員成了兼差的熱門人選。資訊產業講求的是技術，舉凡軟體設計、網站開發、程式製作等等，只要技術夠好，就不愁沒有案子可做，頂尖高手的收入自然遠遠大於坐辦公室。一般而言，資訊業人員多半找與自己本業相關領域的兼職，他們會覺得比較有興趣，也較得心應手。例如軟體工程師就會找找程式設計的案件，網站建置人員就會接接企業網站設計等等。

■ 公務人員

　　隨著時代進步，民眾要求多了，也懂得申訴，加上政府講求效率，公務人員利用上班時間打毛衣、買菜等以前時有所聞的陋習已經有大幅改善。現在有些公職單位甚至不比民營企業輕鬆，加班到很晚，或者週末加班的情況屢屢可見。不過能夠正常上下班的單位亦不在少數，尤其是離中央核心較遠的單位，例如地方機關等等。若是所屬單位工作負荷較輕的公務人員，壓力不大，又能夠準時上下班，倒是可以考慮兼差，下了班賣賣雞排，或者兼點計時的工作都可以。

兼差不僅增加收入，
還可以充分發揮自己的所能，
拓展知識面，提升技能。
有的人甚至從兼差轉為正職，
找到了職場第二春。

第5章
阿魯的實戰經驗

有的人利用上班時間就能兼職，有的人稍微偷點上班空餘時間來趕進度，但也有人僅能利用下班時間進行兼職，每個人環境、際運等條件不同，命運自然大不同。

上班族想要當阿魯，是爲了興趣，或是賺錢，還是滿足成就感，各有不同的目的。但隨著正職工作性質、本身專業技能、興趣嗜好等不同，阿魯形形色色。有的人利用上班時間就能兼職，有的則僅能下班之後拖著疲憊身體再奮戰；有些必須出外拋頭露面賺外快，有些卻能在家兼職，僅需以電話、電子郵件聯繫細節即可。每個人環境、際遇等條件不同，命運自然大不同。你是哪一種阿魯呢？

阿魯類型1：上班時間，正副業左右逢源型

此類阿魯實屬幸運兒，上班時間利用率頗高，算是「時」盡其用型的，主要以網路兼職賣家爲代表，他們僅需要在下班或假日撥出一些時間進行拍攝商品、包裝物品等工作，再利用午休時間抽空到便利商店或者郵局寄送物品，其餘訂單的交易處理、客服問題等等均可以利用上班時間來進行。

網路買家精明，需以品質、價格取勝

網際網路的興起，造就了許多兼差的機會，許多網路市集聚集大量人氣，上班族、學生、家庭主婦都來參一腳，將它當成兼差事業，輕鬆賺外快。二十八歲、白天是資訊公司網頁設計師的高超洋，自己建置了一個童裝網站，販賣過季的美國知名品牌童裝，業績最好的時候，當月荷包多了三萬多元。

半年前，高超洋開始架設自己的網站，販售美國進口童裝。「我妹妹在美國念書，她可以從國外幫我到OUTLET找一些美國知名品牌的童裝，例如GAP，再以空運寄回台灣。雖然是過季的衣服，可是很搶手，常常一刊登上去，不到幾天就賣光了。網站才開張半年，但靠著口碑、有效的宣傳方式，生意愈來愈好，平均每個月有二萬多元的收入。

　　雖然成為網路商家才半年多的時間，但已經累積不少經營經驗。他認為，**一個成功的網路賣家必須重視信用與客戶服務、懂得善用方法有效行銷、了解客戶的需求、控制成本找到具競爭力的商品**。特別是，現在的買家愈來愈精明，消費者口味愈來愈挑，需要更好的商品與更優惠的價格才能打動他們的心。

　　網路店家非常多，但想要在眾多商品中脫穎而出並不容易，網路上逛的人雖多，未必他們都知道你的網站，也不見得他們都是潛在客戶，此時，如何找到對的客戶來買你的商品就相當重要了。由於他任職的公司從事網路商城業務，擁有會員名單，列有年齡、性別、婚姻狀況等資訊，於是他製作精美的EDM，透過這份名單，轉寄EDM給目標會員，吸引他們到他所建置的網站瀏覽。「這有點利用公司資源，不過算是我的優勢，因為透過這份名單，我可以抓到我想要的族群，然後將商品透過電子報或者EDM來宣傳。」他說。

　　為了更貼近童裝市場，了解流行趨勢，以便於採購到令

消費者心動的商品，他常常看一些婦女雜誌，例如《嬰兒與母親》。他常被笑說，一個沒有結婚的人，就已經大量在看這些書籍了。但高超洋認為，想要當一位專業的網路賣家，這是有必要的。

白天的高超洋負責的工作是網頁設計與網路管理，本來就需要常常觀摩別人的網站，即使上班時間他上自己的網站，處理訂單或者客戶問題，也不會有人發覺。除了商品拍照、包裝、寄貨等工作，需要利用下班時間做之外，其餘像訂單處理、商品上傳、客戶問題等等事宜，他均可以在上班時間來處理。

童裝網站的架設，高超洋不假他人之手，完全自己建置，省下了不少成本。他認為網頁與電子報的視覺呈現相當重要，是一個門面，關乎買家會不會想要瀏覽網站。不論是電子報、賣場與商品照片，他都嚴格要求，風格統一、講求精美，希望帶給買家賞心悅目的視覺享受，但並不會刻意修飾讓商品失真，而是真實呈現商品面貌，有助於降低買賣糾紛的產生。尤其網路傳聞很快，一不小心，賣家就會迅速到網路上散布不利的消息。「好事不出門，壞事傳千里，商品買賣還是謹慎處理好，免得一個老鼠屎壞了自己的口碑，影響到網站的經營就不好。」他表示。

兼職網路賣家才起步沒多久，雖然業績還可以，但是營收還不足以額外請人手來幫忙，凡事都要自己來。每一件貨

品都要自己包裝，再請宅配人員來收貨，相當辛苦。不過，看到很多網路賣家成功的經驗，他笑稱：「我希望我最好包衣服包到手軟，電話接個不停，這代表網站業績好。業績更好的話，我要請人來幫我包裝。」他衷心期盼有那麼一天的來臨，也許他就會考慮從兼職變成全職。

網路兼職媽媽——
家庭、工作平衡，兩全其美

　　能兼顧家庭與工作是多少媽媽的夢想，但有多少人既能面對職場的現實與工作的成就，又不會錯過孩子的成長？於是，不少當媽媽的選擇了可以「在家工作」的兼差，網路兼職自然成為熱門的選擇。一方面不會與社會脫節，賺點收入補貼家用，另一方面可以照顧小孩，在家庭與工作取得一個平衡點，兩全其美。

　　黃鳳英是一位護士，小孩原本交給婆婆帶，三年前婆婆脊椎開刀住院，需要一段長時間的休養生息。為了照顧他們，便辭去了護士工作，專職當家庭主婦。日子久了，也逐漸習慣這種平凡的家居生活。

　　直到前年初，一位婚後就辭去室內設計師工作的高中死黨很高興地打電話告訴黃鳳英，以前設計公司的老闆找她合作，讓她在家接案子，可以過著一邊畫圖一邊帶孩子的生活。聽完死黨喜孜孜地敘述著接案生活有多麼充實，多麼有

意義，又可以賺點外快貼補家用，她挺羨慕的，也很想一邊帶小孩，一邊找份兼職。

恰巧同年二月，她哥哥預計籌劃公司網站，將黑鮪魚生意透過網路零售。每年四、五月是黑鮪魚的旺季，由於家族中有多艘自己的漁船，哥哥也擁有魚市場的魚販牌照，以往的銷售對象主要針對餐廳或者中盤魚商。這一年，哥哥決定開拓網路零售市場，並請她負責網站籌劃與訂單處理，薪資採取抽成方式，那一年約兩個月的黑鮪魚魚季，她賺了三萬多元。

公司網站籌畫階段，黃鳳英情商兩位好友幫忙，一位負責網站的程式設計，另一位則負責網頁設計。架設這個公司網站並沒有花費很多錢，網站代管月租費一年六千元，網頁設計、程式設計、商品攝影因為都是熟人幫忙，收取非常低的費用，整個網站架設到好，總計花費不到二萬元。不過，她笑說，不管網站架設金額多少，對她而言，還是無本生意，因為架設網站的費用是老哥負責出的，她只要在家接接網路訂單，就可以抽成，何樂而不為呢！

商品要賣得好，不能忽略賣相，特別是食品類，更要表現出很好吃、令人垂涎三尺，才會勾動購買的慾望。綜觀許多黑鮪魚網站，魚品照片看起來賣相都不是很好，更遑論會產生食指大動的感覺，儘管文字說明如何清楚、描述得如何天花亂墜，都不如一張好的照片。因此，她委請在攝影公司

上班的朋友負責產品的攝影，呈現商品的特色，帶給消費者好的第一印象。

「雖然我曾經拍過婚紗照，但也沒有像拍黑鮪魚那麼累，才區區六張產品照片，就可以從晚上六點拍到凌晨二點。光是一個局部拍攝手部夾起生魚片，讓醬油沿著生魚片滴下來的鏡頭，為了拍這滴醬油可以滴得非常好看，就弄了二個多小時，到最後，手都快殘廢了。」不過，辛苦是有代價的，她所籌畫、硬拗一些朋友幫忙架設的網站頗受好評，不僅質感夠，看起來非常專業，而且照片還被其他的競爭廠商所挪用呢！

除了架設專業的網站吸引消費者之外，如何提高網站曝光度也是一個問題。怎麼讓自己的網站廣為周知呢？透過入口網站，雖然人潮多、曝光率高，但廣告費用太貴，訂單的獲利是否足以支付廣告費的支出是個問題，對於她這種從來沒有行銷經驗的新手而言，風險似乎太大。即使廣告費是由老哥出錢，但她仍視為自己的事業來經營，想辦法看緊老哥的荷包。

於是，她想盡辦法嘗試降低成本，甚至利用免費的方式宣傳網站。一方面，善用網路提供的免費宣傳，包括搜尋網站登錄網站、發行電子報、知名入口網站免費個人網頁製作產品銷售網頁、入口網站社群或者拍賣網站張貼產品訂購訊息、製作EDM請親朋好友廣為轉寄等等；另一方面，採用了

較低成本的傳統DM印製，印了二千張，花費約二千多元，然後利用晚上時間，跟老公兩人一起到一些高級住宅區投遞信箱。為了知道哪種宣傳方式比較有用，她在訂購單上加上了一項簡單的調查，詢問客人如何知道網站訊息的來源，作為來年經營的參考。

在這段經營當兼職網站賣家的日子裡，黃鳳英學到了不少東西。除了了解網站架設如何從無到有、商品呈現與擺設如何吸引顧客上門詢問等等，透過朋友們不厭其煩的專業指導以及實戰經歷，著實讓她免費上了一門很寶貴的課程。這是在兼差過程中，最難能可貴的無形所得。

現在的她，每年黑鮪魚季節替哥哥接接網路訂單，平均兩個月的魚汛時期賺個二、三萬元不成問題。去年，哥哥從印尼引進一種比較小型的南方黑鮪魚，一年四季都可以提供產量，於是她將黑鮪魚網路上的接單工作，開始拓展到餐廳的批發生意。利用家事閒餘時間主動與餐廳接洽，以品質穩定、進貨成本低廉的訴求，吸引業者進貨。不過開發餐廳沒有想像中的容易，有些餐廳原本就有合作的魚販，如何說服他們轉換合作對象，就要看魚品品質、價格優惠以及一些相關服務。由於有老哥與親戚作為她的知識後盾，加上是直接從產地出貨的大盤商，具有價格上的優勢，目前高雄地區已有幾家固定配合的廠商。

黃鳳英認為，賣到餐廳比網路零售有賺頭，只要找到幾

家長期進貨的餐廳，抽成越多。問到大概每個月可以抽多少錢，她笑道：「不方便透露，總之還不錯，起碼這一年來藉這個兼差存了不少錢。」

除了魚品生意，她也到網路拍賣上開個賣場，除了將家中用不到的或不想用的東西，上網張貼拍賣，偶爾還利用許多朋友出國出差，或者自己出國遊玩的機會，帶點國外的特殊紀念品或者比國內便宜的名牌包包到網路上販售。

趣味兼差：登山家靠攀爬外牆清洗賺外快

莫斯科的登山專家如何賺外快呢？莫斯科登山社團經常組團到歐洲及亞洲攀爬著名的高山，為了滿足興趣，他們必須在工作之餘兼差賺外快。雖然他們是攀爬的專家，但是清潔大樓則是另一門專業技術，他們必須從副手開始學習。

一般而言，大樓專業清洗工人需要依附龐大的升降機，但是這些登山專家可就不同了，只要一條繩索即可作業，每年春天是他們生意最好的旺季，包括修理陽臺、屋頂及清潔大樓外觀的雕像等等。因為工作危險性高，薪水也特別高，以美元計價。由於攀登技術高超，足以媲美俄羅斯緊急事務部的救援隊員，有時候白天在市區大樓工作時，因為裝備簡單、動作敏捷，他們常被誤以為是小偷，經常必須向警察或者不了解內情的民眾解釋自己的工作，而耽誤了工作。

最近，她開始學飾品設計，打算將來有機會到國外尋找好的飾品到網路上販賣。黃鳳英認為，網路拍賣的盛行，的確提供了她很好的兼差機會，既可以一邊陪伴孩子，一邊工作，有一份薪水減輕經濟壓力。現在她非常喜歡這樣的兼差角色，偶爾還可以自己花點錢犒賞自己，滿足一下敗家媽媽的小小虛榮與樂趣。

阿魯類型2：上班時間插點花型

這類型兼職可以稍微偷點上班空餘時間來趕進度，例如寫作、撰稿、設計類等等，通常以電腦完成外包案子居多，才能夠利用一點點上班空檔作業。

簡訊小說寫手——
新興兼職，挑戰不同寫作模式，享受創作快感

隨著科技的發達，不僅增添了大家生活上的便利，也造就了許多新興的兼差機會，有些可能是一般人連聽都沒聽過的。簡訊小說寫手就是一種伴隨著手機簡訊繁榮而誕生的新興職業。

在手機軟體開發公司上班的小林，是簡訊小說寫手，已經有一年多的經驗。「很多人聽到我兼差做這個時，都很訝異地說，怎麼會有這種行業呀！」她說。確實，如果不是在相關產業，或者愛玩手機的人，根本不會聽過這種工作。

當初小林之所以接觸到簡訊小說這份差事，主要是自己原本就在手機軟體開發領域工作，舉凡手機的加值服務，包括生活大小事的資訊、交友服務等，都是她必須涉獵的產品企劃範圍。去年，原任職的公司接了國內電信業者所推出的簡訊小說案子，缺乏稿源，便找上她來當業餘寫手。

　　小林表示：「原本我對於寫作就相當有興趣，除了平時在自己建置的PCHOME個人新聞台發表個人生活感言、創作小說與詩集之外，還喜歡接受不同方式、不同題材的挑戰，享受寫作的快感，所以當初朋友找我寫時，一聽到就覺得非常有趣。」

　　除了興趣之外，簡訊小說也可以利用上班時間來做，很便利。即使小林上網找找相關資料，作為創作題材，老闆也不會懷疑。因為她本身就是負責手機加值服務的，上網看看相關服務與訊息，都是工作範疇之一。「誰會想到我是在找寫簡訊小說的資料呢？」她笑道。

　　一般小說篇幅都較長，簡訊小說則是屬於短文式的小說，約以二十至三十則簡訊呈現，一則簡訊不超過七十個字，以此計算，一篇簡訊小說頂多二千多字，就要說完一個故事。這是一個極大的挑戰。「寫長篇大論的小說對我不難，最難的就是如何在有限的篇幅之內，將故事表達清楚，又可以很有趣吸引人閱讀，這也是簡訊小說吸引我的地方。」她說。剛開始時，她覺得非常不習慣，一改再改，不

過寫出第一篇之後，就比較知道如何掌握故事架構的鋪陳敘述了。

　　目前中華電信、遠傳電訊、和信電訊等業者都有推出簡訊小說服務，小林表示，如果是接台灣的案子還好，可以接受較為輕鬆、無厘頭的文字表達方式。但碰到大陸業者就非常傷腦筋了，文化差異很多，遣詞用字也不同。舉例來說，她曾經策劃過一個交友服務，服務名稱取名為「辣妹聊天室」，但是大陸業者就偏偏改成「小妹聊天室」，一聽到不禁傻眼了。就好像以前曾經聽到電影「Top Gun」、女子團體「Spicy Girl」，台灣翻譯成「捍衛戰士」、「辣妹合唱團」挺好聽的，但大陸偏偏就直譯成「好大的一把槍」、「香料姑娘」一樣好笑。

　　尤其當業者跳進來干預寫作內容時，備感頭痛，一改再改，改到最後令人火冒三丈。她說，大陸喜歡用瓊瑤式的寫法，例如，寫一個我娶了一個野蠻老婆的故事，他們就會用「難過得不知所措，於是我就這樣離開了……」等等文謅謅的遣詞用字。如果用現在台灣比較流行的語法，還被他們嫌不具流行感。現在她接這種簡訊小說案子的時候，如果發案方是大陸業者，除非是人情所託，不然能不接就盡量不接。

　　簡訊小說在大陸非常的風行，一度吸引不少年輕人投入這個行業。不過，若要當全職工作，日子就很難過了。小林笑說：「寫簡訊小說需要靈感，也很有意思，但如果將它作

為職業就非常痛苦。假設每週寫上個幾篇，內容還要有趣生動，你就會覺得整個人被掏空了，文思枯竭，什麼也想不出來。況且市場又不大，需求量不多，寫寫這種東西，不會賺錢，根本養不活自己。」

而且國內電信業者推出簡訊小說，主要目的在於玩噱頭，吸引用戶目光，藉此帶動人氣，倒不是賺錢，自然不會給寫手開出太高的價格，一個字不到一元。當全職寫手是沒有將來的，生活難以獲得保障。但是如果只是為了愛好，兼差寫簡訊小說未嘗不可。因此，她把這份兼職視為興趣，沉迷於那種靈感突現的成就感，收入並非兼差動力的主因。

身為特殊的文字工作者，小林創作簡訊小說，除了個人冥思苦想之外，也常常瀏覽一些有趣的網站尋找題材，希望寫出令人開懷一笑、新鮮好玩的簡訊小說。然而腸枯思竭時，心理壓力特別大。因為編寫簡訊小說需要思路不斷湧動、有新的點子出來，即使一個非常有創意、優秀的創作者也會出現思路枯竭的一天。

簡訊小說市場以成人情色類最好，但是她對於這種題材既不擅長也沒有興趣，她創作的題材多數以感情的、私密日記為主。「創作非常奇怪，有時候你刻意想，反而擠不出什麼，往往靈感的湧現是一瞬間的，因此我身邊常準備紙筆，一想到什麼好的idea，立刻把它寫下來，以免一眨眼什麼都忘光了。」只要工作稍有空檔，她就會發發呆、沉思沉思，

或者利用公司網站，或者與同事閒聊找找創作題材。

影子作家——
享受採訪樂趣，體驗人生頻道的轉換

　　管子維讀大學時就非常喜歡寫作，兩年前畢業之後考上公職人員，分配到地方政府機關上班。由於工作壓力不是特別大，上班之餘，她兼職當個影子作家，偶爾也幫雜誌社寫寫文章。

　　提及當初踏入寫手這一行，管子維表示，純粹是因緣際會，沒有想到興趣居然可以成為兼職，賺點額外收入。當時有個朋友所任職的公司，恰巧要出版一本書，於是便找了她來當寫手，就此展開了她的兼職撰稿生涯。主要是為別人操刀，也就是所謂的影子作家，像坊間許多明星或者名人如果較忙沒有時間，或者文字表達能力不是那麼好，就會找寫手為他們捉刀。報酬以字數計算，每個字一至二元。第一本書，她賺了近十萬元，花了兩個月的時間。

　　寫書這個工作，或多或少需要安排採訪，通常她利用下班時間或者週末假日以電訪或與受訪者碰面訪談。由於白天正職多能夠準時上下班，公司離住家又很近，若有接案，多半她在六點半之前即會趕回家寫稿，通常一本書所需時間約二至三個月。去年，她接了三本書，近三十萬元的收入。接案來源多數透過朋友介紹，或是曾經合作過的出版社，有時

候她也會上外包網站找找看。她說，畢竟撰稿的案源不固定，多找幾家出版社合作，接案機會較多。

兼差難免犧牲自己的休閒生活，工作與休閒兩者之間如何拿捏與安排非常重要。管子維的心態是，該工作的時候就要認真工作、該玩樂的時候就要盡情玩樂。她將兼差的時間定義為正職工作的加班，寫稿盡量安排在平日晚上，週末假日則是休閒時光。她認為，平常下班之後若去聚餐或者看電影逛街，礙於隔天要上班，通常都無法盡興。因此，她較喜歡利用假日跟朋友聚會、逛街或者到郊外走一走，平常下班之後的晚上就來寫稿。

「除非萬不得已，稿子寫不完了，才會利用到週末，否則盡量安排在星期一至星期五。這有一個好處，自己會給自己一個期許，那就是必須盡快在週末之前完成預定的進度，才能享受快樂的假期。」她說。如此一來，每天按照排定的時程寫稿，掌握進度；又能利用週末假期休養生息，既可消除平日工作所導致的疲憊，又能讓腦筋沉靜下來，有助於撰稿的靈感。因為平日工作雜事多，思路不是那麼清楚，經過週末的沈澱、休息，思路轉為清晰，寫稿才能寫得順利。

為了避免拖稿，盡量於期限之內交稿，她會訂出撰稿時程表，並預留七天至十天的緩衝期。舉例來說，如果交稿日期是三月十日，自我的截稿日則訂為二月底，因為正職加班機會雖然不多，但有時候難免碰到加班或者突發狀況，有必

要預留幾天緩衝時間。

「撰稿進度的安排很重要，因為人都很懶，倘若沒有事先安排時程表，往往就一直拖，拖到不能拖時，再來趕稿，有時還會嚴重打亂自己的生活秩序。況且在預定日期前交稿，有助於與出版社建立良好的合作關係，增加案源。」管子維指出。尤其正職比較忙的時候，懶得提筆的情況特別嚴重，所以書籍大綱出來之後，便著手訂定每天的撰寫進度，並記錄在行事曆上。一旦今天按照進度完成，在日期上面畫上X的符號，有助於進度的掌控。因為隨著時間經過，日期打X的符號若很少，就代表進度延遲，必須予以調整，看是否有必要安排週末假期趕稿補上落後的進度。

透過採訪不同的對象，管子維從他們身上可以學到許多知識，甚至還能運用於自己的生活上面。她舉例，有一次寫一本小額創業的書，訪問過許多創業成功的受訪者，從訪談中，了解創業成功者的特質以及他們背後如何付出、如何規劃才能有所成就；甚至藉由寫投資理財的書，學到以前自己從未接觸過的投資工具，應用在自己的投資理財上面。即使坊間有相關書籍可增加自己這方面的知識，但寫書時，自己必須去弄懂、搞清楚，才能夠寫得出來，這跟單靠去讀理財書，收穫畢竟有所不同。

公家機關的工作做久了，事情千篇一律，甚至接觸外界的機會也不多，令個人的成長停滯不前。兼職對她來說，就

像人生頻道的轉換，體驗有別以往的工作樂趣及經歷。有時候為了趕稿，即使隔天要上班，半夜寫到二、三點，她也不會覺得疲累，因為從自己喜歡的事情中賺錢，這種成就感令人興奮。她建議，文字能力與思路清楚的上班族，以撰稿作為兼職工作是個不錯的選擇。

翻譯人員——
工作彈性高，隨時視正職負荷，調整兼職接案數量

「盧小姐，我有一份文件很急，我mail過去給你，幫我翻譯一下……」「盧小姐，有一本書要翻譯，晚上過來談一下好嗎？」在台北東區上班的盧凱音最近講行動電話得常跑到大樓樓梯間。她是貿易公司的祕書，也是翻譯社兼差翻譯人員，近來，正職、兼差事多，令盧凱音忙得焦頭爛額。

大學畢業之後，盧凱音即赴美國留學取得碩士學位，並在美國工作多年，回國之後，任職於貿易公司秘書工作。旅居美國十幾年、又有美國企業工作經驗的她，外語能力十分強，使得她往往是任職公司指派接待國外客戶的主要人選。

由於她的老闆常常赴國外出差，工作業務負荷量不重，工作應付起來綽綽有餘。目前還是單身的她，想要趁著年輕的時候多存點退休金，便萌生兼差的念頭。想想自己到底有什麼本領呢？莫過於精湛的外語能力了，她便到某家外包網站成為付費會員，並從網站上找到了幾家翻譯社，主動投遞

學經歷等相關資料。隔沒多久，陸續幾家翻譯社與她接洽，並請她先試翻譯幾頁，才獲錄取，人員挑選很嚴格。之後，二家翻譯社成為她固定的合作對象。

「以前學生時代是有打工的經驗，但上班之後，兼差還是頭一遭，心裡有點緊張，而且現在詐騙事件那麼多，當翻譯社打電話請我下班之後過去填寫譯者基本資料，順便拿文件回來翻譯時，說實在的，心裡有點小怕，就找我一位同學陪我過去。」她認為，凡事還是小心為上，對於初次接觸，規模或知名度都不大的公司，應徵時，有人陪同比較安全。

翻譯社通常根據譯者的語文專長、專業領域、所學學科或是想要翻譯的文章類型，給予譯者適當的原文內容。由於她是商學相關科系，剛開始時，翻譯社給她的文件多是一些短篇的商業文件，中翻英、英翻中都有，通常雙方直接透過電子郵件及傳真聯繫，非常方便。有時候翻譯社找不到合適的譯者，也會外包一些其他領域的文件給她，例如化學、法律等等，這類型的文章對她而言，翻譯起來不會像商業文件那麼順手、好翻，因為其中涉及很多專有名詞或行業術語、專業知識。

由於配合度不錯，不僅譯文令客戶滿意，交件速度又快，每個星期幾乎都有文件要翻譯。有一次，接到一個詩集中翻英的案件，她認為這是一個很好的挑戰，翻譯起來格外有趣。「你能想像嗎？這就好比把徐志摩的詩翻譯成英文版

本一樣，不僅要領會到詩詞的意境，才能使用詞語優美的英文詞彙將詩所傳達的意念，妥切地表達出來，令外國人也能體會、欣賞到作者表達的意境。」她說。

譯稿字數根據內容難易度不同，每個字約0.6元至0.8元，每個月結算一次，也有兩個月才拿到錢的，視每家翻譯社請款規定而定。平均每個月收入，少則五千元，多則近二萬元，看當月正職工作量的負荷。工作量多一點，就接少一點翻譯文件，反之，工作量少一點，就接多一點翻譯文件。這是兼職翻譯的好處，隨時視自己的正職負荷，調整兼職的接案數量，具有極高的調整彈性。

翻譯的文章有長有短，盧凱音表示，比較不喜歡翻譯短文，短文的時間壓迫性太高，翻譯社通常要求幾天就要翻譯出來，有的甚至當天給稿件，就要求當天交稿，碰到這種急件得常常偷偷摸摸地利用上班時間趕稿。但是長一點的文章就不同了，翻譯社至少給二個星期以上的時間，較能利用週末假期翻譯，或者將一些文章分配給朋友翻譯。

兼職難免必須犧牲休息時間，一面查字典、一面盯著電腦螢幕，一字一字翻譯。若碰到公司很忙，翻譯文件又多的時候，正職、兼差兩頭忙，體力未必負荷得了。有一陣子，她就是如此。翻譯文件多，公司又忙，兩樣工作卡在一起，忙得連喝水時間都沒有。尤其公司一忙，得加班到晚上十、十一點，回家還要繼續翻譯到半夜一、兩點，那段日子搞到

自己的身體很不好。

盧凱音認爲，**阿魯必須做好正職與兼差工作量及時間的管理，否則累壞了身體，得不償失。**「剛開始兼職時，由於沒有這方面的經驗，想要留給翻譯社好印象，希望爭取多一點的案子來做，能夠配合的一定全力配合。一開始對於客戶給的案子，我都點頭稱是，來者不拒，翻譯社要求何時交件都不會拖延，甚至當天給文件，請我幫忙趕一下，我也照辦，當天就交件。」盧凱音說。但自從去年底身體因爲這樣被累壞了之後，現在的她，已懂得適時說不。她認爲，只要跟翻譯社建立好的合作關係，他們並不會因爲你拒接案子而不找你。「如果眞的怕斷了案源的話，不妨多找幾家翻譯社。」她笑說。

要求翻譯不能有落差，是她對自己最大的期許。「翻譯英文，英文不是重點，重點是中文能力夠不夠好。如何用中文表達出和原文內容相近的意思，是最困難的。很多時候明明知道原文意思，但要如何以中文正確表達卻不容易。」她表示。她分析，現在找兼職翻譯的人很多，許多人能力也不差，市場競爭激烈，有專業領域的人固然較好，但倘若是不在自己專業領域之內的部分，也要以最快速度充實自我，培養實力，才能有比較多的機會。

網頁設計——
講求美感、主觀性強，端賴專業判斷與客戶溝通

　　晚上十點鐘，辦公室的人都走光了，在網路公司擔任網頁設計工作的王文堯還猛盯著螢幕，埋頭苦幹。這種加班的情況，最近特別厲害。然而，他如此打拚，並非是為了「公」作，而是「私」活兒，他正在忙著最近接到的網頁設計外包專案，趕著下星期交件呢！

　　網頁設計是王文堯的正職，也是他兼差的生財技能，讓他可以領取兩份薪水。二年前，有位以前的同事開公司，想要架設網站，找上他幫忙，他便利用工作之餘、下班時間寫寫網頁，礙於人情關係，第一次的兼差僅酌收一萬元的工資而已。

　　之後，透過這位同事的介紹，讓他接了不少案子，愈做愈有心得，口碑還不錯，價格又合理，讓他找到了幾個長期配合的合作廠商。目前幾乎每個月都有網頁專案可以做，雖然規模都不大，一個案子金額頂多二、三萬元。但是聚少成多，加上他是這方面的老手，手腳很快，有時候還能偷點上班時間來趕案。算一算，這兩年來，光是靠接接網頁專案就有二十幾萬元的外快入袋。

　　除了接接網頁之外，這兩年來他陸續到日本、法國、荷蘭等國家自助旅行，將旅行所見所聞，還有一些照片放到自己建置的個人網站，未料反應不錯，點閱率滿高的，後來引

起了出版社的注意，找他出書，賺了十多萬元的版稅。他笑說：「這些錢算是我的旅遊基金吧！除了補貼我這兩年的旅遊花費之外，剩餘的就當成下次旅遊的經費，然後看看還有沒有機會將下次旅遊經驗出版成書。」

現在網頁設計的外包案子很多，但是市場競爭亦趨激烈，加上網頁編輯器愈來愈容易使用，價格越便宜的情形下，未來網頁設計能力或許會成為上班族必備的技能，就如同現在很多上班族都會使用Word、Excel等軟體一樣。如此一來，網頁設計師的工作勢必受到挑戰。

王文堯並不擔心，他認為雖然將來可能多數人都可以自行設計網頁，但並非所有人都可以設計出漂亮的網頁，**網頁是否美觀仍需要擁有美術概念及將概念實現出來的能力，並不是只會操作Photoshop等美工設計軟體就可以辦到的**。他很慶幸自己是學美術設計出身的，應該還算有競爭力。

當然，他也不因此自滿，還是不斷地提升自己的技術，有時候買書來進修，有時候也到網路上請教別人。網站裡各方面人才都有，不管是技術還是其他方面，只要有什麼不明白的，大家可以互相交流，他自己也從中學到了很多知識。

一個網站的建置，需要網頁設計與網頁程式設計人員互相配合好，但有時候接案，未必可以遇到跟你對盤的網頁程式設計師。當兩人思考邏輯存在很大差異時，溝通費時費力，可能延誤到網站上線的時程。有鑑於此，最近他開始進

修網頁程式設計課程，提高自己的競爭力，希望藉此接到更多的案子。「現在很多人會寫網頁程式，但不會美工，或者懂得網頁設計卻不會寫程式，如果能同時精通這兩者技能，相信更有市場競爭力，增加自己賺外快的機會。」他說。

經過這麼多的磨練之後，王文堯接案有不少心得，尤其是網頁修改的問題。他說，網頁設計就跟平面設計一樣，都是涉及美感的東西，原本就非常主觀，見仁見智，也許你認為這樣的設計還不賴，但未必客戶喜歡，只能藉由自己專業的判斷以及事前的溝通了解客戶的需求。

他會事前了解客戶喜歡什麼樣類型的網站風格，是可愛的，還是簡單沉穩的，並參考客戶的公司屬性，因為行業不同，網頁呈現的風格也有所不同。舉例來說，銀行網頁總是要設計得比較專業一點，不能設計得像交友網站那樣花俏吧！王文堯說：「了解客戶喜歡的呈現風格，抓到客戶要的感覺，可避免日後修改的問題。」不過他也說，一定要確認大方向，且溝通準則要拿捏好，有時候過多的溝通，反而造成自己的困擾。因為許多客戶天馬行空，每天都有新想法出現，一旦溝通次數太多，可能不知何時結案呢！

此外，完成任何工作都要經過客戶的確認，這是一定要做的動作，可以避免雙方的糾紛。他會製作工作確認單，不管版型或製作完成都經由客戶簽名確認。有時難免碰到搞怪的客戶，有一次他接了個案子，根據客戶所給的架構圖設

計，來回也討論好幾次，並提出數種版型供他們選擇。最後客戶決定好版型，也確認功能面沒問題，亦準時交件。未料結案的隔天，客戶居然說不是他想要的，還要再改，改得幅度還不小，並且要求免費不得加價！礙於客戶是親友所介紹，沒有簽約，款項也尚未收到，只能自己吃悶虧，再重新製作，算是學到一次教訓吧！

經過此事之後，不管誰介紹的，大案或小案，王文堯也要花時間簽合約，先兵後禮，唯有白紙黑字，保障自己也保護他人。合約中一定要清楚地規範，只要簽名確認之後，若要修改就得付修改費。如此一來，可以讓客戶仔細想清楚自己到底要什麼。否則會像他那次失敗的經驗，一會兒今天要改這樣，一會兒明天要改回原來的樣子，一會兒又說全部都不滿意，鬧到最後雙方很不愉快，所謂先小人後君子吧！

婚禮企劃——
需要溝通協調能力、無比的熱忱、具創意性的點子

曾有一部日劇劇名是「婚禮企劃」，劇中女主角之前是教堂的風琴演奏者，因為看了太多婚禮，決定改行當個婚禮企劃者。當電腦工程師的Kevin去年開始也像女主角一樣，投入了婚禮企劃的兼職工作。起因是，他籌備自己結婚喜宴時發覺對這行產生興趣，加上打聽坊間的行情作法，覺得有利可圖，他就和老婆籌備開一家婚禮企劃工作室。

他認為，結婚是人生的重頭戲，卻很少讓人彩排演出，過去，婚禮多由長輩們主導，但現在年輕人有自己的想法，為了擁有一場既創新又獨特的婚禮，喜歡找專業的婚禮企劃來打理一切，幫自己省了不少事。Kevin表示，婚禮企劃就像是魔法師，幫每個人創造不同以往的結婚經驗。在國外，婚禮企劃已是專業的行業，舉凡全程婚禮諮詢、企劃、酒店推薦、婚紗攝影、婚禮錄影、宴會廳布置、創意花卉、婚禮氣氛、DVD、VCD後期製作、蜜月旅行等等，都是婚禮企劃的範疇。不過他只是兼差性質，且人手只有他和他老婆，工作室的業務範圍僅限於當天婚禮宴客的籌劃，包括婚禮形式、會場布置、氣氛營造、音樂設計、邀請卡印製、新人造型設計、會場攝錄影等。

「有好的劇本才有完美的演出，更何況一生一次的婚禮，只要做好準備，結婚將呈現完美的第一次。」Kevin說。一場溫馨甜蜜、極富個人特色、讓賓客留下深刻印象的婚禮，過程規劃相當重要。每個人對於婚禮的憧憬與想法不同，他會先與新人多次溝通，了解新人個性、相識過程、對婚禮的夢想與特別需求等等，並詳列預算，再根據不同需求規劃別出心裁的婚禮流程、設計婚宴節目及相關內容，量身訂做專屬於個人的特色婚禮，而不是留下一堆人吃吃喝喝的紀錄而已。

他認為，**企劃婚禮的工作要有溝通協調能力、無比的熱**

忱、具創意性的點子。尤其創意是整個婚禮吸不吸引人的重要關鍵因素之一，多花一點想像和巧思，就能擁有一個浪漫而難忘的婚禮。他舉例，很多婚宴的開場，新人都是穿著婚紗挽著手進場，放著結婚進行曲的背景音樂。但他喜歡突破傳統，有一次幫一對新人策劃007的方式出場，新郎穿著詹姆士龐德般的服裝，新娘穿著金色旗袍裝，背景音樂則是007的配樂。當新人一進場時，立即吸引現場來賓的目光，驚奇聲、訝異聲不斷，甚至這對新人的親朋好友現在回想起來，還記憶猶新。

　　婚禮企劃不是想像中那麼容易，或許有人認為這是辦家家酒的工作，但Kevin認為，婚禮是關乎一生的大事，每個人都會特別在意，加上親友意見一多，大家七嘴八舌，企劃案一改再改是家常便飯，要迎合客戶的意思真的沒有像籌辦自己的婚禮那麼容易。況且結婚細節很多，例如要懂不同宗教信仰的習俗，以及必須非常了解各種道具用品的價碼，並找尋自己的配合廠商，如此才能掌握利潤。

　　目前接案除了親朋好友的介紹之外，他們也自行架設網站，有客戶透過網路跟他們接洽。辦一場婚禮要花一個星期的時間投入，論件計酬，一場婚禮約有五至八萬元的利潤。此外，除非有做人情的心理準備，要不然預算太少就真的不要接，否則會搞得自己很不愉快。

　　Kevin的這份兼職純粹是興趣，賣自己的idea。「剛開始

當婚禮企劃時，覺得好像自己又結婚一次。看到新人能夠幸福美滿地完成終身大事，我感到相當開心！而且這份兼職是和老婆合作，時間上都應付得來，不會造成過重的工作負擔。」他說。

開始這份兼職才將近一年的時間，他認為尚有很多東西需要更多經驗的累積與資訊的吸收，平常就會多多注意國內外相關婚禮網站、婚紗展以及各種流行資訊等等，作為婚禮企劃的參考，期望做出更多、更好的口碑，未來拓展更多的客源。

教師——
時間彈性自由度高、鐘點報酬佳

「One more 再來一次，擺動你的腰，雙手向上伸直，大力一點，多留點汗。」下午四點，中壢的某韻律教室中，傳來陣陣伴隨音樂的跳動聲，呂小琪努力地跟著台上老師的示範動作與口令，使勁地進行全身的伸展及律動。這是在國中當數學老師的呂小琪每隔兩天都會來做的運動。

「當老師時間彈性高，較能安排自己的時間，除了每天利用課餘時間運動之外，我還兼了兩個家教，鐘點費還不賴，大概一個月會有三萬多元的收入。」呂小琪說。她是來自於農村的小孩，深知父母的每一分錢賺來不容易，大二開始就下定決心，從此不再花父母的錢。當年，有位老師幫她

介紹了第一份家教，她做得特別努力。第一個月拿到薪水時的滿足感與成就感，至今回想來仍令她興奮不已。大學三年來，她靠著兼家教賺了近五十萬元，學費、生活費幾乎都是自己負擔。

畢業之後，到中壢某國中教書，當了那麼多年的家教，原本想休息一下，當當學校老師就好。不過，她教書的口碑實在太好了，朋友常常主動幫她介紹家教，盛情難卻，只好鐘點費喊高一點，每小時一千元，希望就此讓對方打退堂鼓。沒想到對方居然願意接受這樣的收費，心想，反正平常下課之後多半在家看電視，看在錢的份上，就接了兩份家教，一星期上課八小時，就有三萬多元輕鬆入袋。

老師兼差是習以為常的事情，家教是最常見的方式，因為鐘點費還算高，而且不用花費很多時間額外作準備。目前一般陪國小學生伴讀的時薪約200～300元；如果是教國高中語文、數理等科目，時薪350～700元不等，愈高年級，價碼愈高。還有一些特殊才藝，如電腦、樂器、繪畫等，有的時薪甚至高達每小時3,000元，當然這也要看看老師的專業度與名氣。

她所認識的老師中，十個就有八個在兼差，有能力、喜歡不一樣生活的人，還能同時兼任很多不同性質的工作呢！她有一位朋友，最厲害的時候，還曾經身兼三職，正職是大學日文老師，寒暑假在旅行社帶團，課餘還兼任報社專欄。

她的這位朋友笑說，每天早晨醒來，就要面對三種不同的世界，老師工作穩定、按部就班；導遊接觸到形形色色的外國人；報社專欄則是有趣，富有挑戰性。她認為，兼差帶來最大體會就是：時間、能力與精力都是相當具有彈性的，只要你想做到的，就有辦法辦得到。

兼家教對她來說，駕輕就熟，不需要花費太多時間，但她還是有很煩的時候，常常自己一個人跑去逛街，拚命買一堆衣服，到現在標籤連剪都沒有剪掉就直接拿去資源回收的不在少數，這種行為彷彿是藉由購物來彌補心理的倦怠。

想辭掉家教，又不太可能，因為前年買了一棟房子，背負房貸壓力，辭掉兼差工作，似乎不可行。想了又想，只好另尋辦法，看看是否能夠替自己的生活加點色彩，改善這種情況。去年，她報名參加了自己很有興趣的韻律與瑜伽課程。半年來，不僅讓她足足瘦了十幾公斤，人變苗條了，看起來更神采奕奕，同事朋友都說實在太不可思議了。而且她也因此結交了不少愛好運動的同好，頓時自己的生活又開朗起來了。

現在的她，每天享受著那種滿身大汗、全身發熱運動過後的快感，而且生活滿檔，根本不太有多餘的時間讓她逛街揮霍，反而能夠存到錢呢！她認為，兼差多少延長了自己的工作時間，尤其兼差又跟正職性質相同時，心裡常產生一種加班的幻覺，時間一久，職業倦怠症就出現了。因此，必須

適時調整自己的生活步伐，不妨盡量找尋自己有興趣的事情加以融合，如此一來，兼差才能維持長久，也不會連帶影響正職的心理狀態。

她認為，儘管老師到補習班教課或者當家教，非常容易，但還是得維持一定的教學口碑，才能留得住學生。**除了豐富的教學經驗之外，表達能力好、責任心強、教學方式靈活生動、與孩子溝通的能力強，並針對孩子的具體情況進行講解等等，有助於教學口碑。**同時，必須清楚自己的職責，雖然是兼差，但依然要有老師的職業素養，兼課之前還是得做些準備。因為每個學生的素質不同，教學內容與方式必須適度調整。「唯有努力得到眾多家長的認可，兼課機會才會主動上門，價格也可以談得較優厚。」呂小琪說。

教書的這幾年裡，她眼看著身邊不少在一般企業上班的同學或者朋友，工作換了一份又一份，有的錢賺夠了就離開，生活過得十分瀟灑，心裡還挺羨慕的。但自己內心比較渴望安定，才會一直堅守老師這份工作。未來呂小琪想嘗試其他領域的兼職，體驗一下不一樣的人生閱歷。呂小琪笑稱：「這可能是老師工作太過於安穩了，心中潛藏的不安定基因想要找出路作祟吧！」

阿魯類型3：下班趕場型

此類型阿魯僅能利用下班時間進行兼職，以拋頭露面的工作性質居多，例如擺地攤、兼職開店、主持人等等。

擺路邊攤──
只要願意放下身段，不怕丟臉，不怕沒錢賺

晚上七點多，在人來人往的捷運站出口的某家商店騎樓前，古祺平正賣力地教兩位年輕美眉銀飾品的搭配與保養。他白天是在進口代理咖啡批發生意的貿易商當業務，本來是自己對銀飾品有興趣，後來有管道可批貨，覺得利潤還不錯，也想賣賣看，於是他每個星期有四至五天的晚上騎著摩托車，載著皮箱到一些商圈據點的騎樓或夜市擺地攤。

根據一項針對萬名上班族所做的調查顯示，高達五成四的人想創業，其中「擺地攤賣服飾」是所有上班族創業首選。不景氣，地攤生意愈來愈多，擺地攤的人有如過江之鯽，吃的、喝的、用的、玩的都有。除了專職的攤販之外，學生、上班族、家庭主婦也都開始兼職來擺攤。這是由於路邊擺攤位的資本與技術門檻較低，十分受到青睞，在許多人潮較多的地點，常看到許多上班族卸下西裝、套裝，委身擺攤賺外快，包包、皮箱一攤開就做起生意來了。

「雖然要拋頭露臉，但只要你願意放下身段，不怕丟

臉，就不怕沒錢賺。」古祺平說。談起自己第一次擺地攤的經歷，他表示，擺地攤的位置是跟著人潮走，他首次擺攤選擇在中山捷運站出口，那邊人潮多，比較有生意上門。他非常不好意思地說：「剛開始批貨擺攤時，最煎熬的就是人已經帶皮箱到定位了，但很難跨過心理的障礙打開皮箱做生意，那一種感覺就好像：我終於也要下海了。」

當天晚上他騎著摩托車到達捷運站附近，先找了個不錯的位置，然後將摩托車停在那裡，但他並沒有馬上將皮箱自摩托車拿下來開始擺攤，皮箱仍繼續放在機車踏板上面，自己則坐在摩托車上看著人來人往，並偷偷觀察旁邊的小販。最後，好不容易鼓起勇氣，將皮箱打開來放在摩托車上，自己卻不站在皮箱旁邊，反而馬上閃到遠遠的一旁去，裝出一副自己和皮箱毫無關係的樣子，等到有人靠近箱子，再走過去招呼客人。擺地攤的第一次，他覺得丟臉，自己也淪落到做這種事情。

擺地攤之初，碰到認識的朋友時，他會覺得有點尷尬，想躲又躲不掉，只好硬著頭皮寒暄一下。不過這種情況，經過一段日子後，就習慣了。「萬事起頭難，剛開始可能會碰幾次釘子，也不用怕被笑，頭洗下去以後就無所謂丟臉了。只要你願意拋頭露面，不怕沒生意做。」古祺平說。

他認為，擺攤不僅臉皮磨厚了，產品說明與說服客戶的口才也隨著經驗的累積而愈來愈溜。尤其是錢賺得愈多時，

就一天比一天有自信，講話更溜更順。古祺平笑說：「耍嘴皮子的功力和你賺多少錢成正比關係的。」現在的他，推銷起產品來可是有如專業電視購物家般地滔滔不絕。

擺地攤地點的選擇，盡量找人潮多、消費能力強的好地段。他表示，若地點選擇得好，生意好的時候，一個晚上的營業額可以到上萬元，一個月業績最好時還有六、七萬元的收入。目前他平均每個月三萬多元的擺攤收入，還算不錯。地點當然是以合法為考量，不妨詢問一下當地的攤販，也許可以找到地點不錯、又不怕被警察開罰單的位置。

躲警察是擺地攤的家常便飯，第一次跑警察時，古祺平覺得很有罪惡感，久而久之也就皮了。剛擺攤之初，他乖乖地讓警察開單，有時候幾乎每天都會收到罰單。後來逐漸與管區警察混熟，打好關係，擺起地攤來也比較好講話。甚至有年輕警察向他購買銀飾品送女友，他意思意思半買半相送，酌收一百元。他認為，除了與管區警察的關係要維護之外，生意要更順利，務必與左鄰右舍打好關係，有時候自己稍微離開一下，他們還會幫忙看攤招呼客人呢！

擺地攤不但能在最短的時間內賺最多的錢，還可以體驗人生百態，光是從雙方議訂價格的過程中，就可以看出每個人的個性，有的很阿莎力，價格連殺都不殺，眼睛也不眨，就一連買了好幾件飾品；有的則是殺來殺去，東挑西撿了老半天，還是一件都沒買。他認為，做生意應該抱持交朋友的

心態，這次客人不買，不代表下次就沒有買賣的機會。只要服務好，價格合理，產品款式佳，相信未來還是有機會成交的。對於每個客人，不管買或不買，一定要笑臉迎人，千萬不要因為客人沒有買就擺出一張臭臉伺候。

擺地攤不但要自己點貨、批貨，還要承擔商品賣不出去的風險，所以必須勤快跑攤，他建議如果玩心太重的人還是不要出來擺，因為會懶。此外，現在擺地攤實在太競爭了，**批貨的貨色最好獨特性強，不要跟同類商品擺同樣的地點，才能增加商品銷售出去的機會**。他建議想要擺地攤的上班族，可以先嘗試從成本低廉的飾品開始。

「擺地攤並不如外界想像的輕鬆，雖然收入還可以，但實際做了才體會到賺錢的辛苦，忙碌的時候，可能連吃飯、上廁所的時間都沒有。」古祺平認為，要賺錢不難，但擺地攤一定要耐苦耐勞，可以拉下臉來才會成功。

瑜伽老師──
賺錢同時，亦可養身，一舉兩得

週二下班時間一到，在證券公司上班的王筱陵跟同事道別之後，便匆匆步出公司，跳上公車趕往東區的某瑜伽教室，公司裡不知情的人還以為她趕著去約會，哪知道她是一位瑜伽兼職老師。

進了教室，她換上輕便的瑜伽服，坐在瑜伽墊上稍微闔

眼休息。七點半上課時間一到，王筱陵輕輕說：「來，從身體開始，學習跟自己相處。調整你的呼吸，慢慢去體會身心靈的轉變……」她動作緩慢優雅地帶著學生們開始作瑜伽，「放鬆，全身放輕鬆……」十多位學員，在王筱陵的指導下，慢慢地從頭、頸部、肩膀、胸到腳趾頭，一節節舒展、放鬆。她說：「兼差教瑜伽的這段時間是我一天中感到最愉快的時刻。」

　　幾年前，王筱陵的公司聘請了瑜伽老師來幫員工上課，她就去報名參加了。一開始，她是沒有目的地學，不像別人抱持特別目的，例如減肥、塑身或身體健康，只是單純想學學看，未料這一學就學出興趣來了。

　　「滿幸運的，我遇到了一位很好的瑜伽老師，他除了課堂上的正規教導之外，偶爾也會帶我們這些學生到大自然練練瑜伽，那種感覺跟課堂上不一樣，非常舒暢，我就是這樣喜歡上了瑜伽。」王筱陵說。所以，只要下班一有空，她便往瑜伽教室跑，幾乎每天都去報到，有時候也會跟同學們相約到郊外練瑜伽。曾經她自己一個人背著瑜伽墊，到北海道的花田中練起瑜伽來了。王筱陵的瑜伽就是靠這樣密集地勤奮練習，有了長足的進步。

　　白天在證券公司當交易員，忙碌與緊張的工作常令她晚上睡也睡不好，壓力特大。但自從學了瑜伽之後，讓她學會了放鬆，活得更輕鬆自在，身體不協調的情形亦獲得改善。

儘管已經是三十幾歲了，外表上卻看起來跟二十幾歲少女沒有什麼兩樣。

提及當起兼職瑜伽老師的因緣，她說純屬意料之外的事情，一開始是當老師的助教，慢慢地就在外面兼職起來了。王筱陵表示，「可能我還滿有資質的吧！短短兩年，老師認為我學得還不錯，請我到他開設的瑜伽教室當隨堂助教，如果有些老師臨時有事，也會請我去代教。此外，我很多同學後來也到外面自己開瑜伽教室，如果有缺老師，便請我過去幫忙，就這樣，我當起了兼職瑜伽老師。」

目前王筱陵每個星期固定到瑜伽教室兼職教課兩天，有時候則去她老師的瑜伽教室代代課。她說：「白天工作還挺累的，但只要一想到晚上要去教瑜伽，精神就來了。每次短短的七十分鐘教學時間，算是我一天中最愉悅的時光。兼職教瑜伽對我來說，負擔一點兒也不重，反而讓我有機會運動一下，舒展筋骨。」

教瑜伽的過程，她除了享受它所帶來的身心靈鍛鍊之外，還能有不同領域的體驗，生活較多元化。尤其學生的年齡層各不相同，有很年輕的，在念大學，也有已經是當阿嬤的。從跟學生的互動中，她體會到跟正職不一樣的工作樂趣，而且大家亦培養出濃厚的情誼，常常在課外的時間相約一起聚餐聊天。

「有時候學生還很頑皮呢！有一陣子，他們常常看到有

一位男生送我來上課，便很好奇，東問西問，有時候還真被他們盯得哭笑不得呢。有一次，我側面得知他們計畫下課之後，跟蹤我們到底去做什麼。我很聰明的，教完瑜伽之後，我自己就一邊換衣服一邊跟他們聊天，等我一換好衣服，便一溜煙地趕緊離開教室，讓那些還沒有換好衣服的好奇寶寶措手不及，沒有辦法跟蹤了。」她指出，這樣的樂趣，是在白天上班的公司較少體會到的。

許多跟她同期學瑜伽的同學已經自行開瑜伽教室，而且收入比原本正職高出許多的大有人在，雖然很心動，但自己短期內還沒有這個打算。王筱陵計畫過幾年再把現在的工作辭掉，將兼差轉為正職，開設自己的瑜伽教室。一來是因為，自己所學還不夠，還想到外面見識見識，像今年過年她就一個人跑到印度學一星期的瑜伽。二來，當老師很容易，但開瑜伽教室可不簡單，經驗也不夠，目前想跟已經開瑜伽教室的同學多學一點經營管理、招生等技巧，作為將來自行開班授課的參考。

程式設計人員 ——
不斷累積經驗、補強專業知識，走到哪兒都吃得開

劉中德大學畢業後成為一家銀行的軟體工程師。有一次，姊姊的朋友新開了一家軟體公司，請他幫忙建置網站。對於他而言，這並不是什麼難事，利用三個月的時間將程式

設計完成，這份兼差給他帶來了可觀的收入。

　　從這一次開始，劉中德走上了兼差工程師之路。在朋友們的介紹下，他陸續幫幾家企業設計程式。去年一整年的兼差收入近二十五萬元。他拿著這筆錢，到歐洲玩了一趟，慰勞一下自己一年來的辛勞。

　　「科技人員兼差情形還滿常見的，很多人默默地在賺錢，像我身旁就有很多同學接企業外包的設計程式，技術好的高手還有可能接到好幾十萬元的大案子呢。」他說。接案的價碼論件計酬、以月薪計都有，通常只要雙方談好就可以了，而且要看案子的大小與難易程度，有些案子只有幾千元，有些是幾十萬。若能承攬大企業的網站規劃、主機代管專案，甚至可能高達百萬元。不過，畢竟還有正職要做，兼差接接程式設計，還是要取決於自身的專業能力、體力和時間。

　　雖然市場機會多，但競爭者也不少，殺價情況屢有所見。他認為，程式設計工程師接案的價碼有逐漸滑落的趨勢，主要是有不少工程師懶得自己寫程式，直接從網路上盜用別人的範例修改，打壞了市場行情，導致有些客戶會認為程式設計很簡單，只是剪貼程式碼而已，為何收費那麼高。

　　「如果是直接剪貼別人的程式碼來設計程式，輕而易舉，收費當然便宜，但以此來評價自己嘔心瀝血寫出來的程式，實在不甚公平。」他舉例，就好像拍電影一樣，製片商

費時費力拍出一部電影，但是盜版商一個盜版，就可以嚴重影響到該部電影的票房。

話雖如此，他還是非常熱中於程式設計，「可能是對寫程式有興趣吧！有時候我都覺得自己像一個瘋子，如果程式寫不出來或者有bug，茶不思飯不想，坐公車時會想，蹲馬桶時會想，睡覺時也會想，有時候睡到一半突然想到還趕緊爬起來寫一下程式。」只要價格不會太離譜，他十分願意兼職多接一點外包案子。除了報酬的誘因與興趣使然之外，還能夠藉由外包案件鍛鍊自己寫程式的能力。

當阿魯已經滿長一段時間的他，遇到的客戶形形色色，有些完全相信他的專業，有些很愛插手，有些則是常常改來改去。從跟這些人的過招經驗中，他練就了一身好功夫。他碰過一位客戶，居然對他罵髒話。雖然事隔已久已能釋懷，但當時一聽到對方罵髒話，真是錯愕！原本想對罵回去，但最後忍住，不跟他計較，免得破壞了自己的修養。經過那件事情之後，他覺得，凡事不能只看表面，什麼樣千奇百怪的客戶都有，必須學著更達觀地去看待事情。

剛剛初出茅廬的接案者，最容易讓人吃得死死的，有的還被拗得亂七八糟。第一次接案，他就學到了寶貴經驗。因為對方是姊姊的朋友，雙方沒有簽約，後來客戶要求額外增加一個功能，他跟對方收費，結果客戶卻說當初講好什麼價格就什麼價格，全部做好，不能隨便加價。「如果這次幫他

增加了，下次又要再增加其他功能，那我豈不是要永無止境地改下去？」劉中德心裡雖然這樣想，但程式已經快要完成了，不想就此放棄，最後還是妥協了。

還有一次，他幫一家公司建置網站，僅負責程式設計，網頁設計是由外包企業的美編所負責，沒想到外包企業的美編出了點狀況，一直拖，讓他等了好幾個月一直無法結案，原本對方說做到好一次付清金額，結果狂拖猛拖。也是一樣沒有簽約，又能怎麼辦呢？

有了這兩次經驗，他一定要簽約，把合作條件用白紙黑字寫得清清楚楚。他說，有時候親友難免會幫自己介紹案件，萬一將來與客戶產生糾紛時，一切以合約憑證解決問題，避免親友還要費神聽公說公有理，婆說婆有理，夾在中間，裡外不是人。

從第一次兼差接案到現在，劉中德一直不乏有案源進來，除了靠朋友介紹之外，他也加入外包網站的付費會員。他認為，透過各種可能的管道找案子是有必要的，但是口碑也非常重要，不要忽略舊有客戶的影響力，做得好，他們幫你免費宣傳，甚至再介紹一些案子進來。所以，不管案件大小，該做的還是要做，應該提供的還是要提供，例如使用手冊以及開發文件，一點都不能省略。

外包案件規模過大，倘若自己全部扛下來，他相信一定會累死自己的，因此他會想辦法找人合作，一起開發、維

護。劉中德表示，同學、同事、朋友都是可以合作的對象，但大家必須將合作內容落實到書面上，包括明確的分工、權責的劃分、目標的績效等等，利用白紙黑字，作為解決問題的依據。

劉中德說：「作為一名程式設計師，面臨講求複合型人才的時代，除了應該鑽研各種技術之外，還必須學習技術之外的東西。」他強調，找兼差還是要像一般求職一樣，必須不斷地累積相關經驗、積極補強專業知識。如此一來，不管是正職或兼差，走到哪兒都能夠吃得開。

兼職開店——
魚與熊掌兼顧，首重時間、精力的配置

現在常可以看到很多人，在公司裡有一份收入還不錯的正職，出了公司大門又搖身一變成老闆。我們的身邊不乏有一邊當上班族，一邊自己創業的兼差老闆，他們在享用魚的同時，又可以得到熊掌。已屆而立之年的吳文賓就是如此，一邊是南部某銀行放款部經理，一邊是可麗餅店的老闆。

二年前，吳文賓終於還清了房屋貸款，手頭上好不容易有了些積蓄。但是銀行存款利率那麼低，將錢放在銀行太不划算；投入股市，又怕風險過大。加上那陣子風聞自己任職的銀行可能會被合併，如果傳言屬實，誰知道將來會怎麼樣呢？自己有可能不適應新的企業文化，也許會被資遣，於是

他萌生了找點「副業」做做的念頭，至少先替自己預留一條後路，避免斷了炊。

有一次，他到台中找一位朋友，看到他經營的可麗餅店生意還不錯。他馬上想到，自己住的地區還沒有這種店，這位朋友又自告奮勇要當他的參謀長，提供經營心得與祕訣給他，經過評估後，店面不用大，投入成本與風險都不高，利潤還可以，於是他決定開可麗餅店。

為了找適合的店面，吳文賓著實花費了不少精力，恰巧有位親戚在學校附近有間店面要出租，地段還算不錯，人潮多，離學校、市場、公家機關都很近，兩坪大的小小店面月租金五千元，加上設備、材料、簡單的裝修等費用，初期投入大約十萬元。

由於吳文賓白天還有銀行工作，不可能親自上陣，他雇用了二位員工來打理這家小店。一位是在夜間部上課的小表妹，幫忙監督整個店面的營運，從早上十點到下午五點半，之後由他來接手，另一位則是二度就業的中年婦女，每天下午五點到晚上八點過來幫忙，以鐘點費計算。

銀行下班之後，他便轉往可麗餅店，看看今天的生意如何，也順便幫幫忙。此時正值下班、下課時間，是顧客最多的時候，他得挽起袖子充當店員。由於他是放款部經理，常有出外拜訪客戶的機會，如果外出訪客有空檔，他也會抽空回到店裡看看。

「剛開張時，是最不適應的時候，可麗餅生意雖然有朋友做技術指導，但一旦真正上場操作，還是有差別。更何況要忙店裡的事，又要處理銀行的放款業務，實在忙不太過來。」吳文賓說。不過這種忙亂現象，在不斷地嘗試與從錯誤中學習，兩個多月之後有了大幅度的改善。

吳文賓認為，雖然是一家小小的可麗餅店，但是跟公司經營一樣，必須從無到有慢慢建立起，包括行銷策略、商品與客源的開發等等，必須花時間傷腦筋規劃。雖然朋友會給予經營意見與指導，但畢竟每個地方的風土人情與口味接受度不盡相同，沒有辦法照本宣科，自己必須藉由跟客人實際的接觸，不斷地改變行銷手法，稍微調整一下口味。

為了吸引客人，開幕當天，他舉辦了一場小型的試吃活動，而且剛開幕一個星期，每天限量推出一個一元的促銷活動，藉此吸引那些從來沒有吃過的人。他說，他對於自己的東西深具信心，自己是個挑嘴的人，非常要求品質，只要他認為好吃的東西，市場反應應該都還不錯。

決定開店之前，他請了不少左鄰右舍嚐嚐看自己的可麗餅，一來聽取他們的意見作為改善的參考，二來看看市場反應如何。他分析，多數人都喜歡吃，更喜歡湊熱鬧，只要有好吃的東西，價格合理，總是喜歡在第一時間通知自己的親友，這種口碑宣傳的力量大大超乎一般人想像。所以他敢花錢舉辦試吃及幾乎賠本的低價促銷活動，所謂放長線釣大魚

就是這個道理。吳文賓笑說：「我只怕客人沒吃過，不知道我的東西好，不怕客人吃了不再捧場。」

除此之外，他主動積極找尋客源，不是坐在店裡等著客人上門，這也許是受到正職工作性質所影響。他說，現在銀行競爭非常激烈，為爭取放款業務，必須主動走出去，不是乖乖地坐在辦公室等著客戶上門借錢。同樣地，經營店面亦應如此，有必要主動開發客源，他便去接洽一些學校、機關、團體或者公司行號，如果有舉辦活動，或者集體訂購下午茶，可以跟他們店裡訂購，不僅享有外送服務，還擁有折扣優惠。這樣的手法，讓他建立了不少穩固的客源。開張半年多，初期投入的資金已經差不多回收了，現在每個月扣除員工薪資、食材費用、租金等等，大約有二萬至三萬多元的利潤。

多數人都想「錢滾錢」，但又不願意放棄現在的工作，於是許多人不約而同地將加盟連鎖作為自己的第二條創業途徑。如何穿梭在上班族與兼職老闆這雙重角色之間呢？吳文賓表示，找到好店員可以讓自己少操很多心，輕鬆許多，但是找一個好店員不容易！員工如果不老實，動些手腳，只能自認倒楣，就算滿意的員工，也可能做沒多久就走了，像他台中的那位朋友就有這樣的煩惱。他直呼自己還滿幸運的，店裡的兩位員工都很稱職，也很穩定，協助了他不少經營上的問題。

上班族和兼職老闆的雙重角色沒有想像中的輕鬆，兩頭都要兼顧，有時仍會感到心有餘而力不足。他指出，兼差當老闆難免有公、私矛盾，包括上班族與老闆兩種身分的衝突，以及時間、精力上如何配置的問題，如何處理好這些矛盾與衝突就成了能否做好兼差老闆、讓魚與熊掌兼顧的關鍵。他建議想做兼差創業的上班族，**本身收入很好的話，不要輕易放棄原來的工作；也不要因為兼差太分心，影響了本職工作就得不償失了。**此外，兼差當老闆能低調就低調，畢竟讓公司知道還是不太好。對外他都一律宣稱是他岳母開的店，即使公司的人看到他在店裡看店，都說只是來幫忙的。

　　他認為，兼差創業必須像準備全職創業般盡心籌劃，建立提供專業意見的人際網路。如果希望兼差事業能夠帶來利潤的話，還得要有捨得時間與本錢的心理準備。當正職和兼差創業兩個重擔壓得自己有些喘不過氣來，前途看似茫茫之時，千萬不要氣餒，很多人都是這麼熬過來的，多數成功的故事背後難免經歷一段黑暗與彷徨。

指甲彩繪——
愛美人士大有人在，是賺女人錢的技能之一

　　「哇！你的指甲好漂亮喔！哪裡做的？」「好可愛的指甲，怎麼畫的？」聽到朋友們此起彼落的稱讚聲，在電訊公司當工程師的張儀維得意地說：「我同學幫我做的！我跟她

一起去學了彩繪指甲，現在我們合開了一間小工作室，有空來捧捧場。」

　　張儀維雖然已經是兩個上國小孩子的媽了，但是外表、身材一點兒都看不出來，平常她對於美容、化妝非常有興趣。回憶起學彩繪指甲的過程，張儀維表示，她的一位高中同學一直很想學第二專長，作為將來創業的準備。她自己也認為當個上班族不曉得能做多久，賺錢有限，倒不如趁年輕，尚未到職場所謂三十五歲大關之前，趕緊另學謀生技能，就算以後被公司資遣，尚有混飯吃的工具。

　　這位高中同學偶然從報紙看到了某美容機構所推出的美容職業訓練課程，原本兩人對於美容就有興趣，學費也才二千元，課程包括基本彩妝、護膚、按摩等等，於是欣然前往報名。心想，即使將來沒有從事這個行業，但學了這些知識對自己也有益處吧！

　　職訓課程結業之後，兩人又被彩繪指甲訓練課程所吸引。張儀維表示，幾年前去日本旅行，已經被日本的彩繪指甲深深吸引。後來國內業者引進時，她躍躍欲試，有意學習這項專長。彩繪指甲除了技術純熟之外，還需要有點藝術天分，像她曾經給幾位美甲師畫過，有的畫得還不錯，有的實在不怎麼樣，收費還很貴。「當時看到這門課程，就想自己學學看，一方面可以跟同學互畫指甲省點錢，另一方面認為自己也許有這方面天分，搞不好將來能夠幫別人彩繪指甲

呢。」她笑道。就是這樣的念頭，讓她開始投入了彩繪指甲的天地。

完整的指甲彩繪課程需要十五至二十四小時的學習時數，一般而言，課程通常包括彩繪指甲、水晶指甲、3D立體粉雕、手足保養護理等等。目前國內沒有開放指甲彩繪的合格認證標準，頂多只能獲得授課時數的結業證書。

目前坊間教導指甲彩繪的公司實在太多了，品質參差不齊。她建議想要學習此技能者，可以到一些較有公信力的大學推廣中心、社區大學、終身教育單位或者職業訓練中心，他們多會頒發結業證書。至於學費方面，差距甚大，有的幾千元外加材料費即可搞定，有的要二萬五千元至三萬五千元，但費用已包含整套「吃飯傢伙」的工具與材料，對於有意從事這一行的人來說比較有利。

自從開始學彩繪指甲之後，為了讓自己的技術更為純熟，一遇到認識的人，她便要對方當實驗品讓她畫畫看。下班之後，經常為親朋好友或者同事免費服務，練習技巧，漸漸地將技術磨練到一定程度。那些曾經被視為實驗對象的親朋好友也成了活廣告，幫她接了不少外快。現在的客源已經從親朋好友逐漸拓展到其他消費族群。

張儀維謙虛地說，雖然客人都稱讚她的技術不錯，但畢竟現在也才只有兩年經驗，只是業餘美甲師，技術還有進步的空間。由於收費合理、不會太高，指甲彩繪收費約150～

200元，水晶指甲1,500元，指甲保養400元，已經培養出一定口碑與客源。因為白天還有正職，通常僅能利用下班時間或週末假日提供服務。

　　彩繪指甲算是近年來相當熱門的課程，除了專業美容師為了進修或考證照來學習之外，不少上班族也來學。她上課的地方，學員有建築師、會計師、銀行員、大陸新娘等，甚至男生也來學習。他們不只是為了興趣，想幫自己或朋友彩繪指甲，想要開創第二專長成為美甲師的人不在少數。

　　指甲彩繪的工具需求非常簡便，不一定要有店面才能開業，有的人就利用下班之餘提著簡單的行頭到夜市或百貨公司擺攤，或者開個人工作室。不僅如此，她認識的學員中，有人學習新娘秘書課程，之後跟著老師接接新娘秘書的案子，一天八千元至一萬八千元不等，視客戶要求而定。還有些人考上美容丙級證照之後，開設美容行動沙龍，到府服務客人。

　　未來她想要報考乙、丙級美容證照，希望取得證照之後，為自己的技能加分，兼職開一家美容個人工作室，獲得全方位的技能服務客人。她打聽過所需設備與資金，工作室不需要太大，可以在自己家裡擺兩張美容床，準備一台蒸臉器、推車、按摩器具、還有基本的美容產品，一般來說，五萬元左右即可搞定。

　　「技能何時學都不嫌晚，更何況是賺女人錢最容易的美

容技能。」她笑說。雖然學習這些技能，學費與材料費所費不貲，但她認為有了技能，不僅多項吃飯的工具不怕失業，又可以業餘賺賺外快，將來仍有機會將學費賺回來的，何樂而不為呢？

直銷——
公司知名度高與產品品質佳，有助於事業的開拓

外面正下著滂沱大雨，又冷又濕，戴曉君還是提起精神，騎著摩托車到約好的客戶家裡作臉。她不是美容師，七年級的她，白天在公司當業務助理，下完班之後，搖身一變成了產品銷售人員，她是一位直銷商。

幾年前，戴曉君跟著媽媽一起加入某家直銷商，當時根本不當一回事，也不在意。直到前年，工作不順心，認為當上班族根本賺不了什麼錢，便萌生創業的念頭。對於剛出社會不久的她而言，資金與創業經驗是個問題。當時碰巧遇到一位認識已久的阿姨，原本是位護理長，兼職做直銷生意，後來直銷收入高過護士工作，便辭去工作，專心經營直銷生意。跟那位阿姨聊過之後，她決定要多花一點時間來了解一下這個行業。

起初，她純粹抱著試試看的心態，因為平常下了班之後，也只會窩在家裡看電視、聊天、打電動，倒不如將這些時間挪去上上直銷公司安排的課程，充實一下自己。她表

示，許多人常感嘆生活空虛、找不到生活目標，尤其台灣年輕人的競爭優勢逐漸喪失中，遲早被大陸年輕人迎頭趕上，年輕上班族還是要多多利用時間充實自己。透過直銷商多樣化的課程安排，例如烹調、營養學、化妝美容等等，讓她跟別人聊天有了新的話題，一些自我訓練學習讓她成長了不少，生活也過得比以前充實許多。漸漸地，自己對於這一行愈來愈有興趣。

「以前，我是一個不太習慣跟人接觸的人，這兩年來的訓練，讓我現在懂得如何主動跟自己生活圈以外的人建立關係。先姑且不論未來是否可以靠這份事業賺到多少錢，但起碼如今的我，靠它激發了自己的潛能，學習到了銷售技巧，無形中增加了自信心。」戴曉君表示。

除了協助自我成長之外，她認為直銷是一項非常適合成為副業的工作。戴曉君說：「直銷是一份可以兼差的事業，時間有彈性，可以和既有工作不牴觸、又有賺外快的機會。許多訓練都特別安排在晚上，或者你也可以利用下班時間拜訪客戶。我在直銷公司所認識的新朋友，不乏很多上班族精英或者學生，以兼差的方式經營直銷事業。」

台灣做直銷的人非常多，成功者不在少數，但也有許多人中途就陣亡了。戴曉君認為這是正常的現象，做這一行難免會遇到許多挫折與失敗，有人因此而選擇退出。特別是台灣很多人的觀念仍認為直銷是老鼠會，有些人一聽到直銷，

就敬而遠之，有時連自己家裡的人都不能理解。她笑道，有人想要來追她，若遇到不喜歡的對象，就開始跟對方講直銷，並且叫他們來上課，用這個理由來讓這些人打退堂鼓。

「失敗並不代表打擊，何不樂觀地把它視為邁向成功的另一個途徑。失敗了，沒關係，必須分析自己無法成功的因素，自我調適，找到再出發的動機與激勵。」戴曉君認為。為了提醒與勉勵自己，她在房門口或房內，貼上一些激勵的話，或者業績目標，藉此時時提醒自己，一定要堅持下去。

剛開始做這項兼差時，想到要跟不認識的人聊天，心裡非常緊張，不過，她還是努力地跨出第一步，嘗試各種磨練的機會。只要碰到百貨公司的小姐、路邊攤的老闆，甚至等公車的路人等等，都會主動嘗試接觸。以生活化的方式跟他們聊聊減肥、營養保健、美容保養等等輕鬆話題，但絕對不會採取強求、死纏爛打的銷售方式。

她舉例，如果聊到減肥，就會告訴他們減肥的正確方法有哪些、怎麼做，然後以建議的口吻請他們試試公司的產品；有時候也會約朋友，談談美容保養，順便免費幫她們作臉；或者辦聚會，使用直銷公司的產品做佳餚，讓同事們嚐嚐看。通常如果產品不錯、有一定的口碑時，大家的接受度還滿高的。她認為，**選擇好的直銷商相當重要，公司的市場知名度高與產品有一定的品質，有助於事業的開拓。**

現在的她，還在起步階段，直銷事業根基尚未穩固，正

職工作仍無法放棄，現階段直銷僅能當成副業。由於正職工作較忙，無法花費太多時間在副業，每個月外快並不多，平均五、六千元，多的話，還有上萬元，對於生活不無小補，更重要的是，她獲得了不少無法用金錢衡量的無形回饋。

七年級生常被拿來開玩笑說是「草莓族」，經不起任何考驗，但生性不服輸的她就是要打破這樣的觀念。所以自己常激勵自己，儘管正職與兼差兩頭忙，很累，再怎麼樣也要努力堅持下去。她要證明未來會將這項副業做起來，期待自己有一天能像那位阿姨一樣，可以追求理想中的高薪收入與高階直銷商地位，甚至將它變成正職事業來經營。

電訪人員——
遭白眼、拒絕是家常便飯，必須有耐心和承受能力

下午五點半一到，劉小姐飛快地收拾包包，快步邁出出版社，找一間速食餐廳，趕緊吃晚餐。吃完飯之後，劉小姐朝向自己家的方向走去，但她可不是回家休息喔！她可得再到另外一個地方兼差，回家只是順便放下重重的包包罷了。

幾年前，劉小姐很幸運地在自己家附近找了份兼職，是一家市場調查公司的夜間督導，離家很近，約五分鐘路程，省了不少交通時間。雖然是兼差，但是比照正職享有調薪與勞健保，老闆人也不錯，就這樣，劉小姐在這家市調公司一待就待了快十年。

「我白天的工作很穩定，加班少之又少，準時下班不成問題。由於打算買房子，便想找份兼職來做做，多存點購屋基金。剛好我家附近的一家市調公司有夜間督導的職缺，就跑去應徵。」劉小姐表示。雙方相談甚歡，加上先前曾有多年電訪經驗，就被錄取了。

　　很多人兼差常覺得很耗費體力，原因除了工時延長之外，也常因為交通往返過久而感到疲累。劉小姐直呼自己很幸運，交通對她來說，一點兒也不是問題。正所謂事少離家近，正職、兼職離家裡都很近，一個十分鐘路程，一個五分鐘路程，每天不需要拖著疲累的身體，在尖峰下班時間，跟一群人擠公車。她說：「兼差最好找離自己家比較近的，下班之後即可順道回家，要不然就要離公司近，下班之後不用浪費時間在又擠、又累人的交通尖峰時刻上面。」

　　夜間督導到底在做些什麼呢？劉小姐表示，主要延續白天正職人員沒有完成的問卷複查工作，所謂複查是指市調人員進行問卷訪談之後，為了檢驗問卷的有效程度，市調公司會再打電話給受訪人員，抽問幾個問題，看看是否有作假的嫌疑或者受訪者有沒有隨便亂回答，以控制問卷的品質。如果白天無法連絡上受訪人員，就會留待晚班人員，包括夜間督導與夜間工讀生再持續追蹤。

　　「這個工作一星期上班五天，從晚上六點到九點每天三小時，對我來說，九點半以前一定可以到家，時間還很早，

再去做做其他的休閒娛樂也不晚。況且我只是延續白天班沒有做完的複查工作，沒有任何壓力，今天沒有複查完，明天再試也行，所以兼差還滿輕鬆的。」劉小姐指出。每年公司還會固定調薪，由於自己表現還不錯，調薪幅度都比別人多，剛開始接這個工作時，薪水約六千元，現在調到一萬六千五百元，算算時薪大約快三百元，正是事少離家近，報酬也不錯，想想，這份差事挺好的呢！

雖然是兼差，但是劉小姐一直將它當成正職一樣用心經營，一點也不能馬虎。如果超過了晚上九點還是聯絡不到受訪者複查，不會因為下班時間到了就放棄而留到明天晚上。反而，她會將這些名單帶回家，當晚稍晚一點再聯繫，或者隔天白天上班時，到公司試著聯絡看看。

在做這份兼職之前，劉小姐即有兩次類似兼差經驗。一次是在一家人力派遣公司擔任晚間電話聯繫工作，主要以電話與求職者聯繫面談相關事宜。另外一次則是替房屋仲介業者尋找客源，根據他們提供的名單，以電話詢問對方是否有房子要出售，並詢問到地址，再交由業務人員進行後續接洽事宜即可。不過，後來她偶然聽到該家仲介公司使出一招騙人的手法，就馬上辭職不做了。

怎麼騙人呢？她說，有位客戶委託這家仲介業者出售房屋，簽約三個月，在此期間內，業者有責任幫屋主出售房屋，屋主則不能再私下與其他人接洽賣屋事宜。眼看著三個月期限將屆，房屋還賣不出去，公司心想賺不到佣金，於是

串連熟識的第三人，請他打電話給屋主，佯裝跟屋主買房子。然後，仲介公司便以屋主私下接洽他人爲由，違反契約而收取屋主違約金。

雖然不關自己的事情，但總覺得在這家公司做事，好像幫他們騙人，乾脆就辭職走人。她說，兼差職場上不乏詐騙情事，不管對你有無直接或間接影響，最好睜大眼睛好好選擇公司，預防自己被欺騙，也不要淪爲幫人詐騙的工具。

經過這麼多年的電訪經驗，培養了劉小姐的應對技巧與反應能力，經驗非常老到，兼職對她而言，簡直是如魚得水，不僅能很快地抓到問題核心，還能很專業地判斷問卷是否有效。她也是一位責任心非常重的人，遇到有問題的問卷，便想辦法問一些問題來套套受訪者，看看他是否有作假，是否符合客戶所要求的問卷品質。即使這些是不起眼的小事，只要用心，老闆都看得到，這也是爲什麼她的加薪幅度不亞於正職人員的原因。

電訪工作讓她見識到了形形色色的人，相當有趣。她舉例，有一次有一家企業委託公司進行保健飲料調查，受訪者必須符合兩大基本條件，一是一個月內必須有飲用類似保力達B的保健飲料，二是一定要有收入。結果她複查到一位男士，都符合這兩項資格，但再仔細閒聊，對方居然是個乞丐！兩大條件他都符合，因爲他每天拿著乞討來的錢，除了買一碗泡麵充飢之外，剩餘的錢就買補酒來喝。她笑說：「世間百態，什麼人都有呀。」

從事這麼多年的電話訪問兼職，劉小姐有感而發，奉勸有意從事這一行的人，必須有非常好的耐心和承受能力，因為遭受白眼和拒絕是家常便飯。「通常你打電話給對方時，許多人多半抱持不信任的態度，特別是現在詐騙事件這麼多，增加了這個行業的困難度。掛你電話的、不聽你解釋的、認為你是騙人的、拒絕你的，大有人在，沮喪心情在所難免。」她指出。

儘管如此，自己仍得收拾好心情，耐心地解釋工作性質與目的給對方知道，千萬不要不耐煩，盡量表現出專業的一面，並發揮較強的溝通能力與說服能力，以取得對方的信任，這些溝通技巧都是需要時間慢慢累積的。

業餘主持人——
具備天賦、長相、口才三大條件，還得充實內在知識

週末下午，台北某飯店正舉辦一場手機上市記者會，口齒清晰、妙語連珠的主持人Maggie正在台上串起整個活動的進行，大家在欣賞她主持的時候，也許沒有幾個人知道，主持只是客串，她的本職工作是幼稚園幼兒班的英文老師。

中英混血兒的Maggie不但笑容甜美，聲音好聽，外型也十分亮麗，學生時代即展露主持長才。由於外形、口才的優勢，從大學時代她已經常常接校內、外活動的主持人工作。學校晚會、舞會、活動、比賽，甚至校外活動都可以看到她的身影、她的發言，學校給她一個鍛鍊能力、發揮才能的舞

台，她從從容容地站在一個又一個璀璨耀眼的舞台上，從學生時代至今，她已有近八年的主持經驗。

「一開始只是在系上出出風頭，後來就愈搞愈多，可能是自己有天賦吧，又受到好評，所以主持邀約不斷。」於是，她常常利用課餘的時間幫一些公司做主持，自己的主持水準也大幅提高。由於名聲在外，很多公關公司主動找上門，自己的荷包也慢慢地鼓起來，當時的收入足以支付一學期的學雜費與生活費，對於一個學生來說，有這樣的收入算很不錯了。

曾有經紀公司想要跟她簽約，但她認為這種工作不固定，收入不穩定，無法將它當成長期性的飯票，予以婉拒。畢業之後，Maggie選擇幼教工作，在幼稚園當英文老師，挾著優異的外語能力，也投資補習班、編寫英文教材、擔任英文師資講師等等，收入頗豐。

認真敬業的工作態度、反應快、主持台風佳，使得她兼職主持工作從不間斷，許多合作過的公關公司為她帶來了許多主持機會，包括世貿展覽、大賣場活動、園遊會、商品說明會。「主持工作有著一般人不可能有的機會或經驗，雖然台上看似光鮮亮麗，但往往也有不為人知的辛酸與糗事，錢真是難賺呀。」Maggie說。

有一次曾為一家量販店主持活動，活動會場在戶外，沒有遮雨棚，當天天公不做美，正當她上台主持時，下起雨來了，她只好淋著雨獨自一個人在台上撐完全場，台下一個觀

眾也沒有。甚至有一次，表演單位沒有來活動會場，節目開天窗，接案的公關公司讓客戶當場發飆，看著公關公司的小AE哭了起來，覺得很不忍心，於是自己上台撐了一大段表演，搞得像個人秀，整場活動，就看她一個人跳上跳下。

Maggie表示，主持真的很怕沒觀眾，會覺得自己像瘋子。如果能夠將場面控制得很好，就會覺得自己真的很不可一世，成就感十足，即使出點糗也無所謂，只要觀眾愛看，看得高興就行了。

兼職主持工作這麼久，Maggie覺得自己像是半個藝人一樣，還有人找她簽名，不過多數是小孩子。有時候，走在外面，還有人認出她，周遭傳來竊竊私語不斷，「你看你看，就是她，就是她！」「她就是那個主持人呀！」「人長得還滿漂亮的！」有時候對於這些路人的指指點點，只得尷尬地擠出一絲絲笑容回應。

至於主持一場活動或記者會的價碼如何呢？Maggie說，自己的價碼一場約八千元起跳，一定要拿現金，不要拿支票，一年期間靠這個兼差，最高收入約十幾萬元。儘管主持邀約很多，但她並非來者不拒，一定有所選擇。太臨時的場，除非價碼很好否則不要硬接，不然會搞砸自己的「身價」；這一行最重要的就是口碑，沒有把握的東西也不要接，例如不夠時間準備、產品很專業超出自己認知的範圍等等，很容易無法掌握整個活動的核心或商品特色，壞了自己的主持水準。

兼職主持工作賺的錢比起她從事英語教學相關工作，包括英文老師、出書等等，明顯少了很多，但是可以從中體會很多人生經驗，讓她能夠跳出學校這個小圈子，生活不再單調。而她也能在老師與主持人兩個角色之間遊刃有餘，她表示，兼差主持只是好玩，主持人與老師相似的地方都是與人溝通，老師要給學生講課，主持人要跟觀眾互動，主持活動對她而言並不費力，絲毫不感到有壓力。但是跟當老師又很不一樣，每次都能接觸到新的場面，從中開拓視野，為單調的教書工作帶來一些樂趣，並增加自己的應變與表達能力。

　　主持要有天賦，**節目橋段設計與對白必須有很強的創造性，才能吸引觀眾，而且也要有很強的表達能力，懂得製造氣氛**。她認為這些可以藉由經驗來訓練。她說，頭一次當主持人，一上台，見到台下黑壓壓一片，開頭說上一句：「各位同學大家晚安。」大腦就好像暫時休克了一樣，稍微愣了一下，才張口結舌地擠出下一句話來，但主持幾次之後，就不會這樣了。

　　也許有人會認為主持只是耍耍嘴皮子而已，但是Maggie表示，口才好只是主持的必備條件之一，當主持還需要見聞廣闊，沒有儲備紮實、多元化的知識，很快地就會被掏空。她建議，有意從事兼職主持的上班族，除了要具備天賦、長相、口才三大條件之外，還得充實自己的內在知識，有空時就要像雜食動物似地啃食各種不同範疇的資訊，無所不看，主持的時候方能言之有物，而不只是當一只花瓶。

第6章
接案新手看過來

備齊個人資料、作品，主動出擊找案子。決定合作之後，一定要簽約。不管案件大小、金額多寡，既然接了，就必須全心付出，控制品質，準時交件。

許多人對於兼差相當感興趣，都想嘗試，但是往往對於自己可以做些什麼，或者應該如何開始，卻是非常茫然。特別是，現在的外包網站提供的案源不在少數，已成為許多阿魯族尋找兼差機會的主要管道。對於初次想要涉足這塊市場的人而言，要不要成為外包網站付費會員？加入之後是否就可以接到案件，多久之後拿到第一個案子？競爭者那麼多，如何接案成功？怎麼跟發案主談籌碼？等等問題，這都是沒有任何相關接案經驗的新手心中常存在的疑問。

　　「坐而言，不如起而行」，凡事都有第一次，許多成功的接案人，也都是從無到有，一路跌跌撞撞過來，累積許多慘痛或者成功的經驗，才能贏得好口碑，有不斷的案源進來。只要開始都不嫌晚，若只是一味地想著要兼差，那麼永遠都只是流於空想。想要接案當個阿魯族，那麼就趕緊著手準備吧！以下提出幾個入門步驟，提供有意接案的新手評估與參考。

兼差前置準備

STEP 1：評估體力與時間

　　兼差勢必犧牲時間與精力，難免遇到蠟燭兩頭燒的局面。兼差之前，得好好斟酌一下自己的體能與時間配置，注意健康危機及兩邊工作的規劃，所謂沒金剛鑽就不要攬瓷器

活做，否則跟自殺沒什麼區別。

STEP 2：做足心理建設

　　「有得必有失」這是千古不變的道理。兼差肯定會犧牲許多休息、娛樂，或是與家人、朋友相聚的時間，甚至連休假時間都沒了。選擇兼差之前一定要做好這種心理準備。畢竟，每個人兼差的背後都是有目的的，不管是何種原因、何種目的，當目的達到時，懂得選擇適時抽身而退，再還給自己遺失已久的休閒時間，也是挺好的選擇。

STEP 3：想想自己的特長或興趣

　　許多新手最常碰到的問題就是，哪一種兼差是我可以做的？其實，這不難，可以從興趣和特長著手想想看。以興趣面來說，兼差一定會佔據屬於自己的休息時間，不過對於自己喜歡的事，那就不同了，工作起來較有動力，而且表現得更好。在選擇兼差之前，不妨全面審視個人的興趣。喜歡藝術的人，如音樂、舞蹈、唱歌、美術等，可以考慮到酒吧當業餘琴手或歌手、幫大型廣告公司設計等兼職；喜歡研究的人，如研究人員等，則可以考慮市調中心的市場研究報告等兼職。

　　以特長來看，外包客戶非常在意接案者的專業技能是否足夠，阿魯這一行不像當上班族一樣，在公司裡稍微混一下

尚無大礙，但外包市場很現實，沒有能力，就接不到案子。因此，當阿魯得靠個人實力，只要你有特長，就能找到自己勝任的工作。然而有特長的人多得是，你還得評估自己的專業，不妨常到較具規模的外包網站上逛逛，看一下目前市場上的案件到底側重哪一部分，藉此評估自己是否有競爭力。

兼差最好可以朝向發揮自己的潛能、提高自己的能力而發展，如果能夠與自己的特長、未來發展方向相結合是最好不過了。所以，**不妨多嘗試跟自己專業吻合、但是工作內容卻不太相同的兼職，藉此鍛鍊自己的能力與資源的累積**。舉例來說，雜誌編輯可以嘗試網路編輯，雖然網路編輯需要一些電腦與相關軟體知識，如Frontpage、Photoshop等，但這樣的兼職，不僅讓自己掌握更多知識，也能夠在日後兼差實戰經驗中進一步加深這些知識的理解與掌握。

萬一想了又想，自己還真找不出半點特長怎麼辦呢？那也不用太灰心，或許可以從學習技能的心態開始，舉例來說，在正職公司雖然是做行政人員的工作，如果有機會協助其他部門，像是行銷企劃部的企劃、文宣等工作時，能盡量幫忙就幫忙，有助於自己創造另外一種技能，對於往後找兼差工作有莫大的幫助。

STEP 4：累積作品與經驗

雖然經驗無法代表接案機會的多寡，不過如果都沒有任

何經驗的話，即使接觸到案子，成功接案的機率會比較低一些。如果本身經歷還不是很充足的人怎麼辦呢？不用著急，雖然接案講求經驗、實力與專業，未必代表你永遠沒有機會，如果你想找的案件跟正職工作的性質差不多的話，不妨先在公司裡磨練實力，熬一下資歷、專業與經驗，等到累積一定的作品、人脈或經驗之後，再出來接案，接案成功的機會較高。

當然，自我訓練也非常重要，平常就得花點時間進修，多看點書、學習一些技能，並且多向別人討教，以增加自己的專長，做好準備，一旦有案子上門時，才能夠掌握住。

甚至平常自己能多想一些題材，累積作品，一旦客戶有這方面需求，不會錯失機會。舉例來說，如果本身是設計人員，新手可先將作品放到網路上，請有經驗的前輩提供意見，讓自己的作品更好；或到外包相關網站，張貼自己的專長與作品，增加別人認識你的機會。儘管這些方法未必百分之百有效，但不做，機會肯定不會找上門的！

接案準備與技巧

STEP 1：善用管道找案源

廣結善緣，周遭都是貴人，懂得培養人脈就不怕沒有案件上門的機會。因此你必須將自己可以做的兼差性質，廣為

告知周遭朋友，請他們為你留意。如果在某些公眾場合中，碰到可以合作的對象，盡量與他們交談，但必須言之有物，令人印象深刻，機會便會源源不絕。

由於網路求職的發展漸趨成熟，針對不同需求的求職者，不少網路人力銀行推出各種不同類型的工作專區，如JCase外包網站、104專案外包網等等，職務項目從計時工讀生到網頁設計的外包專案都有，均可善加利用。

不過，很多新手會很猶豫到底要不要成為外包網站的付費會員，原因在於雖然外包網的案源不少，但僧多粥少，即使你成了付費會員，並不保證你可以接到案子，有的人甚至加入一年多才接了第一個案子。然而，多一種管道，就多一種機會，建議先加入免費會員，看到心儀的案件，想要進一步取得聯絡資料時，再成為付費會員也不遲。

除了付費的外包網站之外，還有一些較為專業特殊的網站，是免費的，例如黑秀網、設計魔力等是提供設計者接案的網站，可以多上網搜尋與自己專業相類似的網站，找尋接案機會。值得注意的是，外包網站的素質參差不齊，有的會幫你篩選廠商，有的則不會，在選擇時必須特別注意，以免受騙上當。

STEP 2：備齊詳細個人資料，主動積極提案

如何尋找案子、接案子呢？或者看到好多案子，很想接

卻又不知道該怎麼做？是許多外包網站會員的煩惱。倘若你已經成為外包網站的會員，最好先將自己的學經歷、作品、案例等相關資料，準備齊全，放到自己在外包網站專屬會員區的帳戶之中，讓有相關外包案件需求的客戶，清楚了解你的專業能力與相關資歷。注意，不要忘記附上聯絡電話或MSN，讓廠商方便聯絡到你。

隨著競爭者越來越多，等案子上門也不是辦法，主動出擊是一種方式。尤其是新手，積極努力是必備的特質，這樣才比較有案可接。要等廠商主動聯絡你，除非有很強的專業背景，否則就應該自己主動提案，或許成功機會較大。一看到有適合的專案，就該拿出業務員主動聯絡的精神，雖然有可能會被拒絕，但仍需要主動與發案者聯絡，讓對方了解你很重視這份工作。所謂機會是給準備好的人，有才能的人，再加上主動出擊的話，相信不怕沒有案子上門。

聯絡時，除非案主沒有留下電子郵件地址，否則透過電子郵件進行第一次接觸較為恰當。不要隨便打電話給客戶，打電話雖然會比較有印象，但遇到發案主很忙的時候，他們比較不喜歡接那種自我推薦的電話，反而造成反效果。

許多廠商習慣找配合過的阿魯合作，但是如果固定配合的人工作滿檔，一時之間找不到人，他們便會到外包網站發案。然而人海茫茫，廠商怎麼尋覓適合的人呢？此時，作品是最重要的敲門磚了，廠商喜愛有作品集的人，對於沒有作

品的人的資料通常是看都不看，因此要記得在你的個人資料區附上作品，讓廠商對你留下深刻印象，增加廠商與你聯繫的機會。尤其想要找尋視覺設計領域案子的人，對方最想先看過作品才知道你是否合適。

STEP 3：掌握提案技巧

　　想在眾多競爭者突圍而出，必須想辦法與眾不同。首先，與客戶初步接觸時，必須極力凸顯自己有別於一般競爭者的優勢，包括是否幫知名公司接過案子、接案經歷有多久、擁有什麼專業證照等等。總之，能夠展現自己優勢的資料或相關的作品均可以提供廠商參考。即使沒有什麼經驗，還是要努力推銷自己、展現出專業，記得不能太過浮誇。如果能展現出專長的一面，不是沒有機會的喔！多試著推銷自己吧！

　　此外，一份好的企劃書對於接案成功與否有加分效果，可以作為決定的第一印象，好與壞就看企劃案是否有料。坊間有不少教人如何寫一個好企劃的書籍，提案之前，不妨參考看看相關範例。

　　在提案過程之中，對於發案主提出多元化的方案，告知不同方案的執行可能帶來的成效，並適時給予發案主全方位、專業性的選擇建議，盡量凸顯個人完整且多元的服務。

　　有時候一個人單打獨鬥，成功機會未必高，如果可以找

到合作夥伴，接案機會自然會增高。因為人並非萬能，不是什麼都會，一個案件若需要好幾項專長才能夠完成的話，靠自己的單項技能，較無法提案成功。反之，提案時，若能夠強調自己擁有強大的支援與配合系統，成功機率自然比別人高。因此，盡量找尋好的合作夥伴，增加提案成功的機會，每個人的專長都不一樣，大家截長補短一起賺錢。

STEP 4：籌碼怎麼談

　　第一次接案不懂得如何報價，對於報價毫無頭緒，這是許多新手都會碰到的問題。很多接案新鮮人，一方面不清楚行情，一方面也怕開錯價，自己吃虧或嚇跑對方，所以不敢開價，有的甚至請對方開價。怎麼收費合理，避免破壞市場行情，又不會讓自己吃虧，是一門學問。尤其碰到價碼混亂的外包市場，談到一個合理的接案價格不容易呀！

　　報價需要經驗累積，沒有經驗的新手，報價之前，不妨先透過各種管道詢問市場行情。一是透過認識的管道，問問周遭有類似經驗的人、相關行業的從業人員，甚至如果正職公司有承作類似性質的案件，亦可稍加迂迴打聽一下，這些辦法都行得通，舉例來說，廣告文案市場接案報價可以問在廣告公司上班的朋友。二是透過網路討論區，許多知名的外包網站提供討論區的功能，不妨將你的問題張貼上去，詢問接案前輩的經驗。三是打電話到相關行業詢問，或者上他們

的網站查詢，舉例來說，網頁設計報價可以打電話到專業網頁設計公司，佯裝你有案子想找廠商來做，欲知道案件收費如何，不過利用此管道必須要很有發問技巧，避免被識穿。

除了上述的管道之外，自己也要膽大心細估價，稍微評估一下執行該案件的時間成本，例如企劃案撰寫、設計、案件溝通所需時間、往返車馬費、真正執行、修改、往後可能的售後服務等等所需的時間，估算一個自己可以接受的價位。倘若廠商先行報價，也一定要自己先比較一下，試想如果花同樣的時間去做別的兼差，是否比較划算呢？換言之，你可以比較案件的機會成本，報價絕不能低於這個價格。總不能花了一、二個月的時間，才能拿到幾千元，那還不如去超市打工呢！

此外，通常在外包網站的廠商，只會留基本需求訊息，鮮少揭露案件承包價格，頂多顯示承包價格範圍而已。建議報價之前，不妨先跟廠商聯繫，如果客戶要求先透過電子郵件報價，表示客戶需要制式報價，以平面設計而言，就需要有平面製作物尺寸、設計費等制式報價。目前有些外包網站提供某些案件制式報價的規格，甚至市場價格區間都有，新手可以參考看看。

STEP 5：遊戲規則說清楚講明白

接案最怕遇到「澳客」，不僅「拗」錢，事後要求修改

一大堆。或者雙方事前沒有溝通好，導致事後糾紛不斷，一段段的接案辛酸故事不斷地重演。特別是遇到一些財大氣粗、龜毛的大爺兒，更要審慎。

碰到不以解決問題爲導向，而是亂挑毛病來砍價錢的案主，會很麻煩，要不就不要接了，若要接的話，就要有堅強的心理準備對付龜客囉！也就是說，挑選客戶，以話說得清楚的客戶比較好。如果對方需求說不清楚、不具體，就是會修改很多次的前兆。

若有可能，接案者得花多一點心思，協助對方把需求搞清楚，一點一點地挖掘出來，摸清楚對方眞正的要求與接受尺度。在此之前，還必須有幫客戶做功課的心理準備，有助於往後工作的執行。

怎麼做呢？首先，與案主接洽時，先提供一些簡單的書面資料給對方，包括對工作項目的描述、期待、排程、架構、費用等，以確認案主要求，避免日後大幅調整的狀況發生，亦較能根據預期的進度作業。

其次，案主若仍無法以書面表達清楚，則以面對面訪談或者電話溝通，採用漸進式的問題方式，由淺入深，引導對方表達出眞正的需求。一方面讓案主知道自己到底想要什麼，另一方面也了解自己應該完成什麼。

最後，讓案主了解時程、內容、經費此三者的牽動關係，例如工作內容與功能增加，時程可能會延長，經費也會隨之增加。

最重要的是，彙整雙方討論、決議，並以書面方式呈現，可以減少認知誤差。如果客戶要求修改，工作確認單有其必要，要修改哪些項目、做什麼都詳列清楚，並且經客戶確認後簽名，對事後的執行會有幫助喔！

STEP 6：專案評估

與發案者有了初步接觸之後，接下來自己要進行專案評估，想想自己是否有能力承包此案件、工作量多寡能否承受、是否需要其他的支援等等，尤其要注意能否準時交件。因此，與客戶取得聯絡後，必須詢問詳細需求，才能預估時程與工期，評估能否在客戶要求期限內完成。

如果廠商很急迫的案件，可能幾天或一、二個星期就要完成，對於這類專案更要小心評估，一來是因為自己的作業時間能否配合的問題，二來雙方溝通時間是否足夠、品質的掌控與修改的時間是否能夠拿捏得宜，都得注意。以免到最後，案件死趕活趕，廠商仍不滿意，還留給你一個負面的評價，壞了自己的招牌。

STEP 7：切記持續追蹤

與客戶取得聯繫之後，大概多久接到他們進一步的通知，端賴客戶對於這件案子的時效性，以及你是不是他們相中的人選而定。如果他們選中你是合作對象，無庸置疑，他

們會主動與你聯繫；倘若不是，客戶不會特別回覆你。無論如何，如果跟廠商聯繫之後，久久未收到進一步的通知，不要怕丟臉、害羞，記得與廠商主動聯絡，取得進一步消息。

然後，不管有沒有承接到案子，事後寫一封感謝函跟發案方保持聯繫。因為即使你們雙方目前沒有合作，但難保將來沒有可能合作，尤其有些廠商從現有合作對象找不到適合或者可以配合的阿魯時，會回頭到信箱找找曾經寫信來應徵過、有留電話的人。所以，一次被出局，不代表往後就沒有合作的可能。

STEP 8：簽約不能忘

倘若雙方對於案件價格、執行內容、排期等等細節都已經達成共識，決定合作之後，記得一定要簽約。簽訂委託書或合約都可以，註明交件日期、交件內容項目、付款金額及日期等等，並將重要的口頭協議或承諾書明訂於合約內，例如修改或增加是否額外加收費用。唯有載明雙方的責任與權利，才能避免日後可能的爭議，保障雙方權益。

見到不合理或不適用的條文，應該與發案主協商，要求修改或刪除，不要嫌麻煩，一定要討論到雙方都同意、確定後再簽約蓋章。同時，若對於合約條文有疑慮，也應該要求一定期間的條約審閱期。

簽約書如果是兩張以上，應該在騎縫處雙方蓋章，並逐

一檢查。簽妥合約後，雙方各自留存一份合約正本以為存證。如果雙方無法親自碰面簽約，也不要緊，現在溝通方式很發達，電話或者網路都可以運用，等到談妥之後需要正式蓋章簽約時，再用雙掛號傳遞合約即可。

如果不知道如何簽約，有些外包網站，如JCase，會提供一些合約的範本，如網頁設計、應用程式設計、寫作類等等的合約範例，根據專案內容的需求，新增或修改合約範本的內容。

此外，盡量爭取先拿訂金，不管熟人或初次合作的客戶要先收訂金再製作，不要天真地答應一次收款，避免完案之後拿不到錢。

SETP 9：碰到不良廠商，務必反應給外包公司

外包網站的廠商素質並沒有一定的保證，有些較具名度的網站會幫接案者稍微過濾一下廠商，案子都需經過業務人員確認公司的正當與合法性，才會張貼於站上，有一些則不會，接案時最好能夠透過案源廣泛，又安全與穩固的平台。

難免還是會有不肖的發案者，利用外包網站拋出假案，以外包案之名，行開發客戶之實，或是騙企劃案，或完案之後不付錢的，皆有所聞。遇到此類狀況，切記不要自己生悶氣，要向外包網站反應，請他們去了解內情或者調停。

多數知名的外包網站都有提供申訴管道服務，如客服信

箱、專門申訴頁面等。當會員透過網站承接專案遇到不尋常的情事時，可以將有問題的發案公司及專案狀況具體告知外包網站，他們同時洽詢該案發案主與接案會員，進一步了解事情始末，了解狀況及雙方的說法後，再行判斷如何處理。一經發覺該發案主有發假案等情事發生，會將該發案主停權，並且不可在網站再張貼任何專案。

STEP 10：準時交件、掌控品質，維持良好合作關係

　　好的合作關係是案件源源不絕的重要關鍵。想要靠接案兼差的上班族必須維護好自己的名聲，不管案件大小、金額多寡，既然接了，就必須全心付出，控制品質，並記得回報時程。同時，定期告知進度，並且盡可能不要讓客戶打手機沒人接，事後又不主動回電話。也絕對不延遲，能夠準時交件，以贏得好口碑。

　　能夠準時交件，也要客戶的配合，有些時候你會發現，客戶給的製作時間很短，此時你必須更有效掌控溝通時間，讓客戶了解他要做什麼、準備什麼、何時給你等等都要跟他們溝通清楚，才能準時交件。若遇到沒經驗的客戶，除非自己可以掌控得很好，雙方亦能溝通得不錯，否則就不要接，以免被「拗」，吃力不討好。

倘若碰到沒有時間觀念、會一直拖的客戶，有必要適時祭出催功，並主動引導他們該做哪些事，不要事事都由自己一手包辦，否則會養壞他們的胃口。總之，接案新手加入是比較辛苦的，必須多多嘗試，從中找到廠商不青睞你的原因，慢慢調整自己與加強專業，相信很快就會有成功接案的機會了。

兼差最好可以朝向發揮自己的潛能、
提高自己的能力而發展，
如果能夠與自己的特長、
未來發展方向相結合是最好不過了。

第7章
低調保密法則

低調保密進行兼差,是保護自己非常重要的一點。與兼職公司簽訂書面契約,載明與雇主約定的相關內容,以保障自己的權益。並且善用免稅額、設立工作室或公司節稅。

上班族利用業餘時間兼差，在多一份收入的同時，但也給自身帶來了一些隱患。除了擔心正職公司是否知道被處分、能否跟兼職公司爭取到該有的權益保障、是否有該注意的陷阱等等，都需要阿魯格外費心處理。

兼差有點燙手，怎麼保障權利？

雖然只是兼差，但是有些權利與保障是不容忽視的，不會因為你是「半」職，就無法享受該有的權利及保障。到底有哪些權利該注意的呢？

不要忽略投保職災保險

應有的法律保障不可輕忽，以免兼差發生意外時，無法獲得保障。舉例來說，兼職公司是否有幫你投保職災保險相當重要，尤其在一些較具危險性的場所兼職，更須特別注意這項保障。

並非所有兼差工作都必須投保職災險，是否要投保職災險，端賴你兼差的工作性質而定。倘若你是承包案件回家做，例如撰寫企劃案、程式設計等等，兼差較不具危險性，不需要兼差公司為你投保職災險，通常他們也不會這麼做。但是如果是到兼職公司上班，或者工作具有潛在危險性的，例如送貨人員等等，就必須向兼職公司爭取職災保險。

也許你會認為，正職公司已經幫我投保了，何必多此一

舉再投保一次呢？那可不一樣，全職公司投保的職災保險，理賠範圍僅限於正職上班時間。倘若兼職公司沒有幫你投保職災險，一旦發生意外，因為發生在下班時間，全職公司是不負責的，你只能自認倒楣。

舉例來說，下班之後，到餐廳兼差當服務人員，不小心發生意外跌傷了腳住院，如果這家餐廳沒有幫你投保職災險，你只能自掏腰包支付所有的醫藥費，因為你並非在正常上班時間發生意外，白天的全職公司是沒有必要為你負責，幫你支付醫藥費的。

簽訂契約很重要

兼差常面臨一個實際問題：就是合約問題。承接外包案件要不要簽約？如果和原企業已簽過工作契約，到另一企業兼差時，還能不能再簽一份合約？以下來看看三個例子，就可以知道簽約有多重要了。

小彭兼差幫出版社整理資料，一向很穩定，也做得很愉快。由於雙方先前合作關係都很好，小彭也不在意需不需要簽訂合約。哪知道，這家出版社後來因為緊縮人事成本，不僅不跟他合作，而且已經整理完畢的資料，也不要了，錢當然沒領到。小彭雖然一直去跟出版社吵，但是沒有白紙黑字的契約約定，也莫可奈何，僅能在網路上的討論區大罵一番宣洩一下。

林文飛是一位工程技術人員，因為要買房子，他又找了一份兼差，雙方僅口頭談好薪水，但沒有簽訂工作契約。可是他沒有想到：萬一在這家企業發生勞動糾紛怎麼辦呢？沒有合約，他的處境非常不利。

另一位黃先生，在一家公司值夜班當警衛。由於他只上前半夜，後半夜可以睡覺，他便想再找一份白天的兼差工作。他到一家快遞公司應徵，這家公司一聽他有一份正式工作，就說：不用簽約了。黃先生心想：不簽合約，到時候若公司拖欠薪水，找誰理論呀！

承接外包案件，例如程式設計、企劃書、公關活動等等專案，務必簽訂合作契約，特別是案件往往是工作一段時間或一個月後才會和企業結一次款，簽訂書面契約才能避免日後發生糾紛時，自己處於不利的地位。如果到另外一家公司兼差，也是一樣，不妨參考正職的勞動契約，與兼職公司簽訂書面聘用協定或勞動契約。不管哪一種型式的合約，均要載明與雇主約定的相關內容，落實書面，並且保管好相關的字樣。

懂得節稅

每年申報個人綜合所得稅時，申報年度的所有收入，不管正職或兼差薪資皆要列入所得，如此一來，有可能增加稅率級距。舉例來說，原本你正職薪水的綜所稅適用稅率是

13%，加入兼差收入，也許稅率就會跳到21%，這中間就差了8%，課稅金額將增加很多，所以阿魯族要懂得節稅。

如何節稅呢？**一是，善用免稅額**，舉例來說，十八萬元以內的稿費、演講費可以免稅，如果你是接寫稿、寫書或者演講的收入，只要金額不超過十八萬元，可要好好利用此免稅額度，要求僱主開立9A、9B格式的扣繳憑單。

二是設立工作室或公司節稅，如果兼差收入金額很大，甚至還高過正職工作，可以此方法來節稅。因為公司雖然要申報5％的營利事業所得稅，但可以扣除的費用也不少，包括薪資、房租、水電、營業用雜支（如文具、耗材、電腦設備等）、交際應酬費、差旅費等，可節省的稅負比個人申報綜所稅相對較多。

三是人頭報稅，基本上這個方法是違法的，雇主或者合作廠商不見得願意，因為他們必須承擔風險。真的要用，也只適用部分性質的兼差，如承接程式設計、企劃案、撰稿等外包性質的工作，倘若是必須為兼差員工提供保障，例如投保職災，此類性質的工作就不適合。舉例來說，朋友的公司委請你設計網頁，可以請他用你家人的名字開立薪資扣繳憑單，最好是沒有工作者或者薪資低的家人。如此一來，不會增加課稅級距，兼差收入還可能低於綜所稅的可扣除額，不用繳稅呢！

兼差防身術

現在不少不法分子利用上班族急著想找兼差的心理，使出各種誘騙方法，花招翻新百出，不可不慎，以下就來談談如何注意這些危險糖衣。

警惕陷阱，慎選兼職公司

兼差市場沒有需求的大，求職陷阱也非常多，阿魯更要小心提防。慎選一家合法、正當、有制度的公司，是不二法門，以免碰到上當受騙，或是領不到薪水的窘境，不但兼差沒找到，還壞了原本有的好心情。

特別是近來網路已成為找兼差最主要的管道，大家必須更為重視網路資訊的複雜性，提高警覺，避免掉入兼差陷阱中。最基本的原則是，網站僅是一種獲取資訊的管道，但最終發布訊息來源的真實性，需要大家在網路上細細分辨，最好透過較具知名度的網站查詢兼差訊息。

如何提防陷阱呢？首先，對於浮誇不實，含糊其辭的廣告不要前往應徵，最好能夠對於刊登的同一廣告多注意幾天，如發現前後斷續、矛盾的情形就應該放棄。千萬不要被職位的光環所迷惑，搞清楚具體的工作內容很重要。

其次，注意公司營運情形，是否是空殼公司？別有意圖？這些都必須特別留意觀察。可以事先確認該公司是否存在，例如是否有商業登記、有沒有固定的營業場所等等，或

者徵人啓事是否屬實、所刊登的條件是否相符。並且應了解該公司的營運狀況及工作環境，如果是某大公司的旗下機構，一定要向該公司總部詢問清楚。

再者，有公司藉由繳交保證金的理由進行詐財，值得注意。基本上，不管是正職或兼差，都禁止向求職者收取押金或者其他預付費用，偏偏許多人都不知道，還是上當受騙，不可不防。

最後，應徵的時候，可以和保全、警衛等人員打招呼，讓他們知道你是來該公司應徵的，若是騙局的話，好心人會悄悄提醒你。想要保護自己，就要懂得巴結別人，才能維護自身的權益。

在家工作或兼差，真有那麼好康嗎？

現在標榜在家工作或兼差的電子郵件相當氾濫，如果你收到了此類垃圾郵件，可得小心了。很有可能，在你還沒有搞清楚他們販售什麼商品、如何運作之前，就要你先付錢買他們的產品，等你付了很多錢，了解之後才發現你不適合，已經來不及了，差也沒兼到，錢倒是花了不少。

在電信公司上班的王小姐就說，她每天至少都會收到好幾封此類郵件，每一封的標題都令人十分心動。有一次，她收到了一封強調如何利用在家工作系統可以賺到很多錢，上班族也可以做，覺得非常好奇，就按照郵件上所說，去索取

說明小冊子來看。但是看了老半天，只有看到很多見證人表示用這套系統會賺很多錢、這套系統有多好多好，最終還是不知道葫蘆裡到底賣什麼藥。

用此手法吸引人兼差可多著呢！如果你收到了這種在家工作的郵件，加入之後，很可能以後你也要發垃圾信；如果你被人騙去聽在家工作的說明會，加入之後，可能以後你得重施故技拉人來聽說明會；又或者一個「在家工作」系統強調這是可以快速致富的系統，幾個月後可以賺幾十萬、幾百萬，很有可能你必須先拿出好幾十萬讓人賺，然後再找別人拿出錢來讓你賺。

對於此類標榜在家工作或兼差性質的工作，不要太過輕易相信。如果在過程中，有覺得被騙、對方不誠實的感覺，得好好考慮。因為你一旦加入了，可能也會淪為要騙別人或做不誠實的動作。

小心「陪」類兼差

現在「陪」類的兼差愈來愈盛行。如果你仔細看，周遭類似的廣告可真不少：陪聊、陪玩、陪唱歌，花樣百出，報酬十分誘人。

擔任秘書工作的小劉就找了份「陪聊」的兼差，工作的具體時間、地點都由老闆臨時通知。談到這份兼差，她臉紅地說：「我都不敢跟人家說我在做這種工作，覺得很見不得

人。」剛開始的時候，小劉覺得還滿隨意的，跟老闆聊聊生活、感情之類的瑣事，反正讓他高興就好。後來，這位老闆有意無意會找一些刺激性的話題來聊，遇到這種情況，小劉只能趕緊找個藉口溜掉，深怕對方會有進一步的需求。小劉說：「每次離開的時候，他都會給我一個信封，裡面裝著薪水。說實在的，從他手中接錢的那一剎那，感覺不是很好，要不是要還債，我才不會兼這種差。」

通常陪類兼差標榜工作就跟玩一樣，很輕鬆，還可賺進不少銀子，以此吸引人加入。但是，真的有這麼好嗎？講明白了，陪類兼差就是類似酒店小姐，可是要付出不少代價的，像小劉這種純聊天沒有額外服務的例子少之又少，有些還要做點特別的服務，淪落到情色交易或者被人包養。所以，看到陪類兼差廣告一定要慎重，不要輕易被高薪所迷惑，特別是對於那些報酬高得有些離譜的陪類兼差，一定要慎之又慎，切記「天上不會自個兒掉餡餅下來」。

然而時代在變，以前大家都會說「笑娼不笑貧」，但現在是「笑貧不笑娼」，的確有不少上班族已經加入陪類兼差行列，他們認為，陪類兼差只要不違法，利用自己的優勢賺錢，誰也無權干涉。

話雖如此，但是上班族如果能夠找到其他更安全的工作，還是最好不要做此類兼職。如果一定要做，必須學會自我保護，要搞清對方的真實姓名、住址與聯絡方式，同時隨

時告訴家人或朋友自己的行蹤，千萬不要因一時不慎而掉入不法分子的陷阱。

低調保密，避免兼差消息外漏

沒有公司是鼓勵員工兼差的，所以阿魯一定要盡量低調，不讓兼差消息外漏，否則後果不堪設想。像在電腦公司上班的王先生就有這樣慘痛的經驗，大學畢業後，他在一家電腦軟體公司做銷售工作，不久，經朋友介紹，到了另一家軟體公司兼差做軟體開發。兼差了一年多之後，被原公司發現了，要開除他。但王先生認為很不合理，他認為他的兼差並未影響正職，每月都有達到銷售業績，甚至有時還超額完成，所以兼差只是他個人的事。可是公司已經將王先生的行為視為對公司的「背叛」。

很多公司都認為「一個蘿蔔一個坑，一心不能二用」，員工只有在一個工作崗位幾十年如一日才能稱之為兢兢業業。在這樣的觀念之下，公司怎麼會讓員工兼差呢？即使你利用下班時間也不行，因為公司會認為兼差一定會耗費精力，間接影響到正職工作的效力。所以，兼差應盡量避免讓老闆知道，因為幾乎所有的公司都不願意看到自己的員工在外兼差，分散精力或者引起智慧財產權方面的糾紛，或者誤導其他員工，影響整個公司員工的工作積極性。有些公司為了防止員工在外兼差，在簽訂勞動契約時會加上不得在外兼

差這一條規定。

儘管不少企業並未嚴格規定員工不能兼差，但不要以為老闆對此就不感冒。兼差首重低調，才是上上之策。有可能的話，**盡量少參與常需要出差，或者拋頭露臉機率較高的兼職，也千萬不要在公司高談闊論你的兼差經歷，炫耀自己在外賺多少錢，保密功夫是阿魯保護自己非常重要的一點！**

尤其碰到景氣低迷，各企業實行人事精簡政策，倘若阿魯過於聲張，老闆會認為反正你也不差這份薪水，而將你列入裁員黑名單之中。

勿當內鬼

兼差最忌諱業務與正職工作有所衝突，例如兼差公司與正職公司是同行業或者相關領域的競爭對手，最好盡量避免至這些企業兼差。**更不能利用原企業的資源和便利條件，甚至商業秘密為兼差企業謀利益**。特別當你掌握一些正職公司的核心機密時，不要因為外界誘惑而喪失了職業道德，否則往後你就沒有辦法在這一行立足。

被老闆發現要開誠布公

俗話說「紙包不住火」，有些事情不管怎樣藏都藏不住。萬一兼差真的被老闆發現，沒辦法隱瞞時，怎麼辦呢？不妨跟老闆開誠布公地談，找個正當理由與立場和公司說明

你爲何兼差，例如家庭發生重大變故等等不可抗力之因素，或是經濟不景氣，薪水縮水了，爲了一定的生活需求，才不得已兼差的。

並表明自己絕對妥善進行工作計畫及時間，不會影響正職，讓他們明白，你有能力在更短的時間內，比別人完成更多的工作，工作績效不因兼差打了折扣。同時，亦可讓兼差企業的老闆和同事明白，雖然你只是兼差，但也有強烈的職業道德，十分敬業。

但是，即使你開誠布公，老闆仍不饒過你呢？那也只好認了，如果自己的兼差工作做得很出色，那就勇敢地選擇離開這家公司吧！搞不好換一家公司，你的能力、薪酬還能比原來增加了呢！

第8章
加入阿魯族，
擺脫不滿族

兼差之前，爲自己進行職業規劃，據此選擇適合自己的差事。妥善處理好正職與兼差之關係，工作的管理與時間的規劃顯得相當重要。「量力而爲」是兼差愉快的最大祕訣！

當一名成功又有實力的兼差者並不容易，如何處理正職與兼差之間的關係、選擇什麼樣合適的類型、什麼兼差最符合自己的需求、如何不被老闆發現等等，這些可都是有訣竅的……兼差要兼得快樂，兼得如魚得水，必須掌握哪些要訣呢？以下一一來進行剖析。

上對花轎選對郎

　　所謂「女怕嫁錯郎，男怕入錯行」，挑選兼差工作性質也是一項學問。尤其，兼差勢必犧牲更多的時間和精力，也許還得承受壓力。因此，兼差之前，得好好斟酌一下，為自己進行職業規劃，據此選擇適合自己的差事。

　　舉例來說，剛加入阿魯的上班族，什麼都不熟，也不了解兼差工作即將為自己帶來什麼樣的生活改變，亦不知道影響正職的程度。對生手而言，**最好選擇與自己正職性質較相近的兼差，較為妥當，也容易上手**，可以降低因為適應問題對於正職與生活所產生的干擾。

　　就像在報社國際編譯組擔任編譯工作的小何一樣，他選擇下班時間幫出版社翻譯，一來透過兼差吸收新的資訊，讓編譯工作更得心應手；二來則由於工作內容相差不多，進入門檻較低，駕輕就熟，沒有心理調適的問題。

　　身為一名成功的阿魯並不容易，哪種兼差適合你呢？所謂「靠山吃山，靠水吃水」，每個人的專長與興趣不同，兼

差選擇就不同。能說善道者可以考慮兼差主持人；有駭客天才者可以兼差寫程式；會FLASH動畫者可以為廣告公司設計；喜歡攝影則可以當業餘攝影師；外語佳者則可以當兼職翻譯。

避免撿了芝麻丟了西瓜

　　兼差的出現代表了現代人追求多元化發展與強調自我個性之發揮，追求豐富多彩的生活。然而人的體力畢竟有限，必須盡量以不影響白天工作為前提，正職做好是首要之務，而且要做到事半功倍，而不是事倍功半。在這個基礎上適當選擇兼差，如此一來，上班族才能做到兩不耽誤，不會面臨「撿了芝麻丟了西瓜」的局面。

　　兼差是否與正職在時間、精力上產生衝突，以及如何協調的問題，都是阿魯要考慮的問題。因為兼差難免遇到正、副職兩頭忙，應接不暇的時候，雖然你想兩者都要全力以赴，負責到底，但一旦有衝突，你還是必須首先保證正職工作不出任何差錯。因為畢竟正職所給予的各種保障，可以讓你沒有後顧之憂，所以正職比兼差重要，兼差工作丟了，大不了再找一份囉！

　　行有餘力再找兼差是當阿魯的必要法則，千萬不要因為兼差，導致正職怠忽職守，倘若因此而影響了全職，丟了飯碗，豈不是因小失大！再怎麼說，你的衣食父母還是自己的

公司，主次顛倒萬萬不可。只要本職工作做得夠漂亮，即使老闆知道你在兼差，也許還會網開一面不予計較。因此，要當阿魯，上班族必須得先想想如何妥善處理好正職與兼差的關係，根據自己的實際情況仔細衡量孰重孰輕，擺正兩者的位置。

此外，即使你兼差兼得很成功，報酬甚至高過於正職，但不到最後關頭，例如想要自立門戶創業，否則決不要輕言放棄正職，因為正職的收入可以使你無後顧之憂，兼起差來才能得心應手。

做好工作管理與時間規劃

兼差最常面對的是心態上的疲累與體力無法負荷的問題。正職與兼差之間想要遊刃有餘，工作的管理與時間的規劃顯得相當重要。在時間規劃方面，最好選擇離公司比較近，或者住家附近的地點兼差，以節省大量的通車時間，避免體力浪費於交通時間的消耗，有時候還能善加利用白天公司的特休或補休等較彈性的休假制度兼差。

在工作管理部分，必須考慮正職與兼差的工作配置是否妥切，例如，倘若正職加班頻率很高，選擇平日下班之後的兼差工作也許不是那麼適合，假日或者彈性計時兼職會比較恰當，隨時因應正職工作量，調整兼職的比重；反之，若是正職加班機率少之又少，即可增加兼職的比重。

此外，兼差千萬不能當個半調子，如果當個職場半調子，不管正職或兼差，都沒辦法做好，做什麼工作就要像那個樣子！舉例來說，從事路邊街訪、填問卷的工作時，表現得積極主動一點，不要因為被拒絕幾次，就心灰意冷。

兼差要有度，要錢也要命

為了補貼生活花費，兼差有必要，但可要有度呀！換言之，兼差不僅不能影響到正職，也不能夠超過身體負荷。去年中國大陸成都就傳出有一位大學外語學院研究生，同時做三份兼差，過度疲累導致免疫力急遽下降，勞累過度而死。原本他有著令人羨慕的錦繡前程，哪知最後因為兼差太多，反而奪走了他年輕的生命。

在電訊產業上班的李伶伶也曾經歷過同時做好幾份兼差的歲月，她回想起來，那段日子實在是個夢魘。剛開始時，她只兼一份差，一個月大概能多賺個一萬多元，後來一下子又找了兩份兼差。為了工作，經常蠟燭兩頭燒，結果弄得自己筋疲力盡不說，健康也亮了紅燈。現在她想清楚了，唯有愛惜身體，才有條件創造美好的生活。

兼差雖然可以賺外快、磨練自己、累積經驗，但是過多了，物極必反，當它妨礙健康與正職工作的時候，就成了壞事一樁。過多不是件好事，畢竟「量力而為」還是兼差愉快的最大祕訣！

做青蛙？還是蜥蜴？

有人做了個比喻：青蛙是「等飯吃」，在捕食時，擺出目不斜視、四平八穩的姿勢，直到有蚊子或者小蟲飛到它的嘴邊時，牠才會咻地快速伸出舌頭捲進飛蟲果腹，之後，牠又開始目不斜視地繼續等待下一個獵物。蜥蜴就不同了，是在「找飯吃」，每天四處遊蕩，到處搜尋獵物，一旦發現目標，就會一路窮追猛打，直到將獵物吞下口才會善罷甘休。

青蛙與蜥蜴正代表了兩種態度。在這個比喻中，青蛙雖然有可能吃飽，不過牠的依賴性很高，蚊子多的時候，牠杵在那邊就能口到擒來，填飽肚子。但一旦池塘乾涸了，青蛙也許就會消失了，但蜥蜴還依然活躍著。

一般而言，當經濟景氣的時候，到處是工作在找人，也許你不用放風聲出去，就會有人主動上門來找你兼差。但碰到經濟不景氣時還能如此嗎？恐怕那時候就像就業冰河時期，也許景氣會壞到誰都沒有辦法預料的地步，原本事物豐美的池塘竟然會一夜之間乾涸。這樣的時刻，你準備做青蛙還是蜥蜴呢？

不管景氣好還是不好，有心當阿魯的上班族，都要主動積極一點。現在想要從事兼差的人非常多，但普遍來說缺乏「積極主動」的特質。特別是有心要兼差的上班族更要多培養一些業務洽談的技巧，以較為積極的態度與合作對象聯繫，才能持續有兼差機會進來，否則坐著空等也不會平白有

餅從天上掉下來。

　　如今企業外包案件有逐漸增多的趨勢，但外包工作通常希望具備專業能力的人來承接，接案過程若能「證明」自己的專業能力，具有加分效果。特別是對於首次接案的人而言，有必要將過去在職場上的工作經驗，準備一套相關的作品，提案時一併呈現給發案方，較能增加接案成功的機會。

打理門面，為自己加分

　　也許有人會認為兼差只是part time，不需要特別準備，那可就錯了！找兼差跟正職一樣，發案方也會很重視阿魯的準備工夫，一點都不能馬虎。這可分為兩個方面來談，一方面是門面功夫，有些兼差工作需要面談，千萬不要以為面談只是先看看情況，對於發案方而言，你是來應徵的，雖然只是兼差而已，他們希望知道你有意爭取這個機會，相信你能勝任。所以，把兼差面談當成應徵正職一樣慎重，絕對不要遲到、衣服簡易整齊，而且不要在面談時打電話或接電話，記住，沒有人希望自己不受到尊重。

　　另一方面是資料準備，包括「個人資料表」、「過去經驗」、「過去作品」、「個人特長」等等都要準備齊全，愈詳盡愈好，尤其要凸顯出自己的特長，如具備軟體開發、WEB開發、FLASH製作等等工作經驗，或著已經考取某類證照。總之，不管什麼，你只要會一種，那都是你的特長，都要加

以強調說明。當然，特長不單單只是說說而已，要有自己的作品或者經歷證明，才有足夠的說服力，同意讓你接下這份工作。

增加學習，為自己加分

現在是講究複合型人才的時代，只有一項技能或者特長還不夠，很容易被淘汰。根據1111人力銀行調查發現，有五成五的受訪上班族開始培養其他的專長，上班族普遍認為，要具備三項專長，才能維持在職場上的競爭力。

尤其現在兼差市場的競爭激烈程度已經不亞於一般正職，有些兼差機會是僧多粥少，如何在眾多競爭者中突圍而出，唯有建立自我價值與培養多方面的專長，才能因應日益競爭激烈的兼差市場。**自己必須時時抱持再學習的精神，除了垂直面提升自我專業知識技能之外，還需要水平式拓展自己的觸角，延伸出其他專長。**

表現出自己有別於其他阿魯，有其必要。有意接外包案件的人，不妨對發案方提出多元化企劃或解決方案，並在提案過程中告知不同方案執行所能帶來的成效，從中給予專業性的選擇建議，以此凸顯個人完整且多元化的服務。

準時交件，培養良好互動關係

以承接外包案件來說，剛開始，發案方不了解接案者以

前的工作經歷與背景，也不知道他的實力與功力到什麼程度，對他的工作品質與效率更是一無所知。因此，發案方通常會根據接案者的履歷、面談時的感覺、或者以前的作品作為評估的參考。一回生二回熟，只要合作過一次，發案方就會了解接案者負責的程度、工作品質與實力，有好的開始，再次合作不難。

因此，首次的合作印象相當重要，關乎著未來案源能否繼續下去。所以，不管案件大小或者兼差薪資如何，阿魯都必須盡心盡力，務求在有限的時間內，既能掌控執行案件的品質符合對方所需，又能夠準時交件，不耽誤對方的時間。若能夠將此良好的合作關係持之以恆，相信發案方未來一旦有外包需求時，一定會關照你。

增進人脈，拓展接案來源

有一份研究報告顯示：你和世界任何一個人之間只隔著四個人，不管你跟對方身處何處、哪個國家、何種人種與膚色。不用太驚訝，也許你跟美國總統布希，或者恐怖份子賓拉登之間只有隔著四個人，而且構成這個六人鏈中的第二個人，會是你認識的人，也許是你的爸媽，也許是小學同學。仔細想想，這樣的人際網絡竟然可以讓你聯繫到布希，是否很奇妙呢？

兼差網絡何嘗不是如此微妙，誰說路上擦肩而過的人不

會是接案合作的對象。事實上，人際網絡就像一隻隻的八爪章魚，不停地集合、交錯著。這種人際網絡往往就是案源的最佳管道，很多接案機會都是透過熟人介紹或引薦獲悉，可見得人脈培養的重要性。

再想深入一點，現實生活中的同事、同學、親戚，還有誰是可利用的兼差網絡呢？當然有了，包括同事的同學、朋友呀，不管他們跟你是同行或者異業，統統都可以納入考量，一旦朋友圈子擴大了，兼差機會自然多囉！此外，千萬不要只看著人脈中的顯貴，而忽視其他更多的普通人。在適當的時機，任何一個普通人都可能是你的貴人！雖然我們無法控制兼差機會何時會出現，但卻能透過控制自己的人脈為自己創造更多的兼差可能。

破除懶惰藉口

有些上班族雖然一天到晚嘴裡說要兼差，但最後只是講講，也不見得行動。兼差最大的障礙是什麼？主要來自於人內心的惰性。有了惰性，自然就會有藉口。通常有什麼樣的藉口呢？

藉口1：沒有時間運動，哪有時間兼差？

其實，兼差時間不見得要很長，有時候可以利用假日，有時候下班後的二～三個小時，也可以兼個小差。況且也不

用天天都兼差，時間較有彈性的兼職工作，例如計時人員，就是不錯的選擇，時間可以自己調配。

所以，常有人說，怕兼差之後沒時間運動，身材就會走了樣，這就是藉口。以一個可以準時五、六點下班的上班族來說，找個兩小時的兼差，頂多做到晚上八、九點，再去跑個一個小時的步或者搖個半小時的呼拉圈也還不算太晚。又或者，你也可以選擇跟體能有關的兼差，例如瑜伽老師、游泳教練等，這種一邊工作，一邊運動，夠兩全其美了吧！

藉口2：要加班，沒時間？

的確，現在工作不好做，常常必須加班的人大有人在，但是明明下班之後就是沒事還要裝出一副很忙、要加班的人也為數不少。但一定非得加班嗎？並不盡然，有的人恐怕是認為反正回家也沒事，準時下班又怕被老闆認為太早走，不太好，就索性假裝自己很忙而留下來。不過，這是不必要的，如果沒有加班的必要性，而且加班也沒有加班費，只是因為怕比同事下班早走，就會被老闆請喝咖啡，就不兼差了，值得嗎？

更何況，留在公司不等於沒有辦法兼差喔！所謂見招拆招，準時下班怕被說話，沒關係，就用接案的方式吧！承接跟正職有關的案子，在下班之後留在公司做，一來老闆以為你很辛苦在加班，二來還可以利用公司資源，例如影印、使

用電腦設備等等，省下一些兼差作業成本，可說是一舉兩得。舉例來說，美術人員可以接插畫案件；網管人員可以兼些網站架設工作。如此一來，下班時間的無償加班不但對得起自己的荷包，還會被上司認為自己很努力盡心工作呢！

藉口3：家事忙，兼差沒空？

有家累的上班族，得花費心力照料家事、照顧家人不可避免，又累又沒時間，但這樣就無法兼差了嗎？所謂成事者在人，只要有心，兼差依然辦得到。或許回家還要煮飯、打掃，還得盯著小孩做功課，看起來好像沒有多餘的時間兼差。但事實上，只要你懂得妥善規劃時間與工作分配，想要偷點時間兼差不難。

舉例來說，洗衣服、打掃家裡等家事，並不需要天天做吧！可以隔幾天做一次，或者和家人商量一下，用排班制度，錯開你要兼差的時間。倘若這些方法都行不通，那頂多不要選擇在平常日子兼差，假日兼差也行；甚至你還能承接可以在家裡做的外包案件，既可一邊照料家庭，又能一邊執行外包專案也不錯。

兼差的態度

要當「阿魯族」不難，只要你肯偷閒，犧牲點娛樂時間，都能找個兼差工作，但要想做個成功的「阿魯族」可就

不容易了。原因何在呢？關鍵在於兼差的態度，這是我在這本書最後所要強調的重點。**兼差一定要有熱情，絕對要全力以赴，不可以敷衍了事**。就像當時我兼差寫稿，如果只是隨便丟了一堆爛稿子交差了事，那是不會受到歡迎的。

我曾經在台北信義計劃區，看見一個小胖妹在一個建案現場指揮交通。通常，我們見到的指揮交通人員都是拿個旗子呆呆地站在那裡，可是那位還在就學的小胖妹，自得其樂地一邊指揮一邊跳舞，請路過的人進場看房子。我被她那愉快活潑的神情所吸引，於是去採訪她。

我問她是否受建商的要求才這麼做，她說是她自己想要這麼做的，「我快樂，大家一定也會快樂」。這位小女生並沒有因為這是一份枯燥無聊的兼差工作而隨便混時間，反而以積極的態度尋求工作中的樂趣，她的熱情也感染了周遭的人，這是她將來必能在職場上致勝的關鍵，也是一位兼差者必須要有的「阿魯」精神。

國家圖書館出版品預行編目資料

薪水一份半／夏韻芬著. --
初版. -- 臺北市：聯合文學. 2005〔民94〕
192面：15×21公分. --（繽紛；89）

ISBN 957-522-558-9（平裝）

542.78   94014759

繽紛 089

薪水一份半

作　　　者／夏韻芬
發 行 人／張寶琴
總 編 輯／許悔之
叢書副總編輯／杜晴惠
執 行 編 輯／郭慧玲
編　　　輯／蔡佩錦
特 約 編 輯／劉玫琦
視 覺 總 監／周玉卿
美 術 編 輯／林文勇
校　　　對／夏韻芬　鄭蓉澤　劉玫琦
業務部總經理／朱玉昌
業務部副總經理／李文吉
印 務 主 任／王傳奇
法 律 顧 問／理律法律事務所
　　　　　　陳長文律師、蔣大中律師
出 版 者／聯合文學出版社有限公司
地　　　址／台北市基隆路一段180號10樓
電　　　話／（02）27666759・27634300轉5107
傳　　　真／（02）27491208（編輯部）、27567914（業務部）
郵 撥 帳 號／17623526 聯合文學出版社有限公司
登 記 證／行政院新聞局局版臺業字第6109號
網　　　址／http://unitas.udngroup.com.tw
　　　　　　E-mail:unitas@udngroup.com
印 刷 廠／瑞豐實業股份有限公司
總 經 銷／聯經出版事業公司
地　　　址／台北縣汐止市大同路一段367號三樓
電　　　話／（02）26422629
版權所有・翻版必究
出 版 日 期／2005年12月　初版
　　　　　　2005年12月20日　初版四刷
定　　　價／250元

copyright © 2005 by Yun-fen Xia
Published by Unitas Publishing Co., Ltd.
All Rights Reserved
Printed in Taiwan

ISBN　957-522-558-9（平裝）　　　　《本書如有缺頁、破損、裝幀錯誤，請寄回調換》